PROGRAMMIER-
LEITFADEN

LOTUS
SYMPHONY

**Für alle Versionen
einschließlich 2.0 DEUTSCH**

EKBERT HERING

Ekbert Hering

PROGRAMMIERLEITFADEN

Lotus Symphony

Für alle Versionen einschließlich
2.0 DEUTSCH

Friedr. Vieweg & Sohn   Braunschweig/Wiesbaden

Das in diesem Buch enthaltene Programm-Material ist mit keiner Verpflichtung oder Garantie irgendeiner Art verbunden. Der Autor und der Verlag übernehmen infolgedessen keine Verantwortung und werden keine daraus folgende oder sonstige Haftung übernehmen, die auf irgendeine Art aus der Benutzung dieses Programm-Materials oder Teilen davon entsteht.

Der Verlag Vieweg ist ein Unternehmen der Verlagsgruppe Bertelsmann.

Umschlaggestaltung: Ludwig Markgraf, Wiesbaden

ISBN 978-3-528-04680-4   ISBN 978-3-322-86161-0 (eBook)
DOI 10.1007/978-3-322-86161-0

Inhaltsverzeichnis

1 Einführung

Dieser Programmierleitfaden enthält eine Beschreibung aller Befehle und Funktionen von Lotus SYMPHONY einschließlich der Version 2. Dieses Buch ist so aufgebaut, daß es einerseits dem geübten Anwender als Nachschlagewerk dienen wird. Andererseits bietet es auch dem Anfänger durch seine knappe und klar gegliederte Form eine wesentliche Orientierungshilfe beim Einarbeiten in Symphony. Der Programmierleitfaden ist in folgende Abschnitte eingeteilt:

Befehle (Abschnitt 2)

In diesem Abschnitt werden die Operationen von Symphony, ferner die Funktionen und die Makro-Befehle zusammengefaßt. Sie sind alle nach dem gleichen Schema gegliedert:

a) Erste Zeile

Sie ist folgendermaßen aufgebaut:

- Tastensymbol (<F9> oder <F10>), bzw. Funktionskennung (@) oder Makrokennung durch { };

- **ABKÜRZUNG** in Fettschrift und in Großbuchstaben;

- *Anwendungsgebiet* des Befehls in kursiver Schrift.

b) Zweite Zeile

Für die Anweisungen werden die vollständigen Bezeichnungen der Abkürzungen in Klammern angegeben.

c) Befehlsbeschreibung

Es folgt eine kurze Beschreibung der Wirkungsweise des Befehls.

d) Hinweise und zusätzliche Möglichkeiten

Im Kleinsatz werden Hinweise gegeben oder sind weitere Möglichkeiten ausfgeführt (die einzugebenden Zeichen sind unterstrichen).

e) Parameterblätter

Die vielen Einstellungsmöglichkeiten der unterschiedlichen Parameterblätter (z. B. für Text oder Grafik) sind als Original-Bildschirmkopie eingefügt.

Anwendungsgebiete (Abschnitt 3)

Die Befehle sind nach ihren drei Anwendungsgebieten geordnet.

1) Service-Befehle

Service-Befehle sind überall in Symphony gültig. Sie werden mit der Taste <F9> aktiviert. Angegeben ist die Abkürzung in Fettdruck und in Klammern die vollständige Befehlsbezeichnung.

2) Menü-Befehle

Diese Befehle sind nur in einer der fünf Fenster gültig, dem BLATT-, TEXT-, GRAFIK-, MASKE- oder KOMM-Fenster. In die jeweiligen Fenster kann durch Drücken der Tastenkombination <ALT> <F10> umgeschaltet werden. Aktiviert werden die Menü-Befehle durch vorheriges Drücken der Taste <F10>. Für jedes Fenster sind die Befehle alphabetisch nach ihrer Kurzbezeichnung geordnet. In Klammern befindet sich die ausführliche Befehlsbezeichnung.

3) Funktionen

Hier befinden sich eine Vielzahl von Anwendungsmöglichkeiten, beispielsweise Datums- und Zeitfunktionen, Funktionen der Finanzmathematik, logische Funktionen, Datenbankfunktionen sowie Makros, mit denen eigene Programme geschrieben werden können.

Schlüssel für das Arbeiten mit Symphony (Abschnitt 4)

Mit diesem ausführlichen Befehls- und Sachwortverzeichnis können alle Fragen rasch und problemlos beantwortet werden. Sie werden an alle Stellen verwiesen, die zur Lösung Ihrer Aufgaben wichtig sind. Hinter den Stichworten befinden sich in Klammern die zugehörigen Befehle, die Sie im alphabetisch geordneten Befehlsteil (Abschnitt 2) nachschlagen können. Da teilweise die gleichen Abkürzungen in unterschiedlichen Fenstern benutzt werden, wird vor der Taste <F10> noch das zugehörige Fenster angegeben (z. B. Text kopieren: TEXT-<F10> K).

2 Befehle

Der Befehlszusatz S (Stop) wird nicht aufgeführt. Er bewirkt, wie das Drücken der <ESC>-Taste, eine Rückkehr ins vorherige Menü.

<F9> A *Service-Befehl*
(Ausdruck)
Ausdruck aller Informationen mit Ausnahme der Grafik (dazu ist das Programm *PrintGraph* zuständig). Die eingestellten Druckparameter werden angezeigt und können geändert werden.

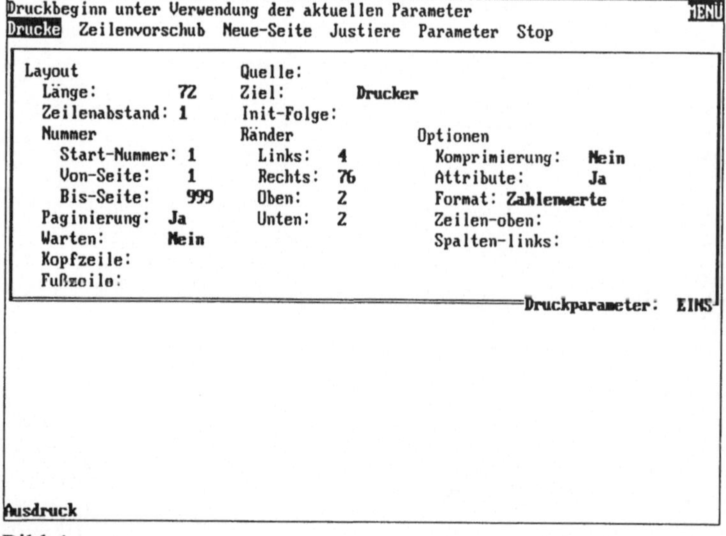

Bild 1

<F9> AD *Service-Befehl*
(Ausdruck Drucke)
Drucken der Informationen mit den eingestellten Druckparametern.

<F9> AJ   *Service-Befehl*
(Ausdruck Justiere)
Markiert den Seitenanfang durch Zurücksetzen der Seiten- und
Zeilenzahl auf 1. Es kann mit der manuellen Einstellung
(Justierung) des Papiers begonnen werden.

<F9> AN   *Service-Befehl*
(Ausdruck Neue-Seite)
Rückt auf eine neue Seite vor (Seitenvorschub).

<F9> AP   *Service-Befehl*
(Ausdruck Parameter)
Die Druck-Parameter können geändert werden.

<F9> API   *Service-Befehl*
(Ausdruck Parameter Initialisierung)
Eingabe der Steuerzeichen für den Ausdruck (Init-Zeichen in
Form eines \ und einer 3-stelligen Dezimalzahl nach dem
LICS-Code, z. B. \015: komprimierter Druck).

<F9> APL   *Service-Befehl*
(Ausdruck Parameter Layout)
Festlegen des Aussehens des Ausdrucks.

Länge	Anzahl der Zeilen pro Druckseite.
Zeilenabstand	Festlegen des Zeilenabstandes (1-, 2- oder 3-zeilig).
Nummer	Festlegen der Seitennumerierung.
Paginierung	Ein- und Ausschalten des automatischen Seitenwechsels sowie der Kopf- und Fußzeilen.
Warten	Warten nach jeder Druckseite (Ja: Einzelblatteinzug; Nein: Endlospapier).
Kopfzeile	Erstellen einer Kopfzeile (Text am oberen Seitenrand).
Fußzeile	Erstellen einer Fußzeile (Text am unteren Seitenrand).

<F9> APN   *Service-Befehl*
(Ausdruck Parameter Name)
Verwaltung sämtlicher Druck-Parameterblätter.

Wähle	Auswahl eines Parameterblattes.
Erstelle	Duplikat unter anderem Namen anlegen.
Lösche	Löschen eines Parameterblattes.

Vorhergehendes	Aufruf des vorhergehenden Parameterblatts.
Folgendes	Aufruf des nächsten Parameterblatts.
Ausgangsparam	In das aktuelle Parameterblatt werden die
	Vorgabe-Parameter eingetragen.
Zurücksetzen	Löscht alle Parameterblätter;
	zeigt das erste Parameterblatt an.

<F9> APO   *Service-Befehl*
(Ausdruck **P**arameter **O**ptionen)
Festlegen zusätzlicher Druckparameter.

Komprimierung	Zusammenhängende Leerzeichen werden
	zu einem TAB zusammengefaßt (Vorgabe: Nein).
Attribute	Festlegen spezieller Druckattribute
	(z. B. Unterstreichungen). Vorgabe ist Ja.
Format	Drucken von Zahlenwerten (Vorgabe) oder Formeln.
Zeilen-oben	Druckt eine oder mehrere Zeilen am oberen Rand.
Spalten-links	Druckt eine oder mehrere Spalten am linken Rand.
Ohne-Titel	Unterdrückt die Angaben von Zeilen-oben und
	Spalten-links.

<F9> APQ   *Service-Befehl*
(Ausdruck **P**arameter **Q**uelle)
Festlegen der Informationen, die gedruckt werden sollen.

Bereich	Festlegen des Druck-Bereiches.
Datenbank	Festlegen des Datenbank-Parameterblatts.
Annulliere	Löschen der festgelegten Parameter.

<F9> APR   *Service-Befehl*
(Ausdruck **P**arameter **R**änder)
Festlegen der Seitenränder einer Druckseite.

Links	Anzahl der Leerzeichen am linken Rand.
Rechts	Gesamte Zeichenzahl pro Zeile
	(einschließlich der Zeichen des linken Randes).
Oben	Anzahl der Leerzeilen am oberen Rand.
Unten	Anzahl der Leerzeilen am unteren Rand.
Ausgangsparameter	Rücksetzen der Ränder auf die Angaben
	im Konfigurations-Parameterblatt.
Keine	Keine Ränder und Zeilenabstand 1.

<F9> APZ   *Service-Befehl*
(Ausdruck **P**arameter **Z**iel)
Festlegen des Ausgabe-Gerätes (Vorgabe: Drucker).

<u>D</u>rucker	Ausgabe auf dem Drucker (Vorgabe).
<u>A</u>usspuldatei	Speichern als Druckdatei.
<u>B</u>ereich	Ausgabe in ein Arbeitsblatt.
<u>L</u>ösche	Löschen des Inhalts der festgelegten Zieldatei.
<u>Z</u>urücksetzen	Annullieren der festgelegten Zielparameter.

<F9> AZ   *Service-Befehl*
(Ausdruck Zeilenvorschub)
Löst einen Zeilenvorschub aus.

<F9> E   *Service-Befehl*
(Ende)
Beendigung einer Symphony-Sitzung (Ja oder Nein).

Achtung! Die Daten werden nicht automatisch gespeichert! Verwenden Sie
dazu den Service Befehl Transfer Speichere (<F9> TS).

<F9> F   *Service-Befehl*
(Fenster)
Verwaltung der Fenster für die Kalkulation (BLATT), die
Textverarbeitung (TEXT), die Grafik (GRAFIK), das Daten-
bank-Management (MASKE) und die Datenübertragung
(KOMM). Durch Drücken der Tastenkombination <ALT> <F10>
kann in die verschiedenen Fenstertypen gewechselt werden.

<F9> FE   *Service-Befehl*
(Fenster Erstelle)
Erstellt ein neues Fenster. Festlegen des Namens und des Fen-
ster-Typs (BLATT, TEXT, GRAFIK, MASKE und KOMM).

<F9> FF   *Service-Befehl*
(Fenster Forme)
Veränderung der Position und der aktuellen Fenstergröße.

<F9> FI   *Service-Befehl*
(Fenster Isoliere)
Anzeige des aktuellen Fensters.

<F9> FL   *Service-Befehl*
(Fenster Lösche)
Löschen eines Fensters.

<F9> FP   *Service-Befehl*
(Fenster Parameter)
Festlegen und Verändern der aktuellen Fenster-Parameter.

```
Ändert den Fensternamen                                           MENÜ
Name  Typ  Begrenzung  Rahmen  Auto-Anzeige  Stop

  Name:         EINS
  Typ:          BLATT
  Begrenzung:   A1..IVB192
  Rahmen:       Standard
  Auto-Anzeige: Ja
                                                    =Fensterparameter=




Fenster Parameter
```

Bild 2

<u>N</u>ame	Ändern des Fenster-Namens.
<u>T</u>yp	Ändern des Fenster-Typs.
<u>B</u>egrenzung	Festlegen der Bereichs-Begrenzung für das Fenster.
<u>R</u>ahmen	Anzeige des Rahmens der Bereiche (Standard, Linie, Ohne).
<u>A</u>uto-Anzeige	Neu-Aufbau eines Fensters bei Änderungen (z. B. durch Eintragungen; Vorgabe: Ja).

<F9> FT   *Service-Befehl*
(Fenster Teile)
Aufteilung des Fensters in zwei bzw. vier Teile.

<u>V</u>ertikal-Aufteilung	Zwei Fenster nebeneinander.
<u>H</u>orizontal-Aufteilung	Zwei Fenster untereinander.
<u>B</u>eides	Vier Fenster.

<F9> FV   *Service-Befehl*
(Fenster Verberge)
Entfernt vorübergehend das Fenster am Bildschirm.

<F9> FW   *Service-Befehl*
(Fenster Wähle)
Auswahl eines Fensters.

<F9> FZ   *Service-Befehl*
(Fenster Zeige)
Alle Fenster werden angezeigt.

<F9> K   *Service-Befehl*
(Konfiguration)
Festlegen der gesamten Parameter (Konfiguration) für das
Arbeiten mit Symphony. Diese Einstellungen werden in der
Datei SYMPHONY.CNF gespeichert und bei Bedarf aktuali-
siert.

```
Vorgegebenes Verzeichnis am Anfang einer Symphony-Sitzung        MENÜ
Index Drucker Kommunikation Text Fenster Hilfe Lade Optionen Aktualisiere Stop

 Index: C:\SYMPH              Text                    Fenster
 Drucker                       Tab-Abstand:      5      Typ:  BLATT
  Typ:  Parallel 1             Justierung:       1      Name:
  Auto-ZV:     Nein            Zeilenabstand:    1         EINS
  Warten:      Nein            Linker Rand:      1      Hilfe: Indirekt
  Ränder                       Rechter Rand:            Auto-Arbeitsblatt.
    Links:  4      Oben:   2   Blanks anzeigen: Nein
    Rechts: 76     Unten:  2   WR anzeigen:      Ja     Bildschirmuhr:
  Seitenlänge:  72             Auto-Justierung:  Ja        International
  Init-Zeichen:                Harte Tabs:       Ja     Datei-Umsetzung:
  Name:                                                 IBM PC oder Kompati...
 Name Komm-Konfig-Datei:
                                                  =Konfigurations-Parameter




 Konfiguration
```

Bild 3

<F9> KA   *Service-Befehl*
(Konfiguration Aktualisiere)
Speichern der festgelegten Parameter in der .CNF-Datei
(Konfigurations-Datei).

<F9> KD   *Service-Befehl*
(Konfiguration Drucker)
Festlegen der Drucker-Parameter

Typ	Festlegen des Druckeranschlusses.
Zeilenvorschub	Zeilenvorschub am Ende einer Zeile (Vorgabe: Nein).
Warten	Warten am Seitenende (Vorgabe: Nein).
Ränder	Einstellung der Ränder eines Blattes (Links, Rechts, Oben, Unten).
Länge	Festlegen der Zeilenzahl pro Seite.
Initialisierung	Angabe der Drucker-Steuerzeichen (Init-Folge).
Name	Auswahl des Druckers.

<F9> KF   *Service-Befehl*
(Konfiguration Fenster)
Festlegen des Namens und des Typs des Fensters.

<F9> KH   *Service-Befehl*
(Konfiguration Hilfe)
Öffnen und Schließen der HILFE-Datei.

<F9> KI   *Service-Befehl*
(Konfiguration Index)
Angabe des Laufwerkes und des Pfades.

<F9> KK   *Service-Befehl*
(Konfiguration Kommunikation)
Name der zu ladenden Kommunikations-Datei (.CNF-Datei).

<F9> KL   *Service-Befehl*
(Konfiguration Lade)
Wählt automatisch das zur Beginn der Sitzung geladene Arbeitsblatt.

<F9> KO   *Service-Befehl*
(Konfiguration Optionen)
Festlegen der Uhrzeit und der Benutzung der Zeichencode-Umsetzungstabelle.

Uhr	Format für Datum und Zeit (Vorgabe: International).
Datei-Umsetzung	Benutzung der Zeichencode-Tabelle.

<F9> KT   *Service-Befehl*
(Konfiguration Text)
Festlegung der Parameter für die Textverarbeitung.

<u>T</u>ab	Anzahl der Zeichen für den Tabulator.
<u>J</u>ustierung	Justierung des Textes.
	(<u>O</u>hne, <u>L</u>inks, <u>B</u>locksatz und <u>Z</u>entriert).
<u>Z</u>eilenabstand	Festlegen von 1-, 2- und 3-zeiligen Abständen.
<u>L</u>inks	Festlegen des linken Textrandes.
<u>R</u>echts	Festlegen des rechten Textrandes.
<u>B</u>lanks	Anzeige der Leerzeichen (Vorgabe: Nein).
<u>W</u>R	Anzeige des Wagenrücklaufs (Vorgabe: Ja).
<u>A</u>uto-Just.	Automatische Textjustierung (Vorgabe: Ja).
<u>H</u>arte Tabs	Speicherung der Tabulatoren in der Datei
	(Vorgabe: Ja).

<F9> N   *Service-Befehl*
(Neu)
Löschen des aktuellen Arbeitsblattes und seiner Parameter.

<F9> P   *Service-Befehl*
(Parameter)
Festlegen und Verändern der globalen Parameter für das
Arbeiten mit Symphony.

Bild 4

<F9> PA   *Service-Befehl*
(Parameter-Auto-Ablauf)
Festlegen eines Makros, das beim Laden eines Arbeitsblattes
austomatisch ausgeführt wird.

Bestimme	Festlegen der Anfangszeile des Makros.
Annulliere	Annullieren des Auto-Ablauf-Makros.

<F9> PB   *Service-Befehl*
(Parameter-Blattsicherung)
Sicherung des Arbeitsblattes durch ein Kennwort. Vorgegeben
ist keine Sicherung (Entsperren).

<F9> PG   *Service-Befehl*
(Parameter-Globalschutz)
Ein- bzw. Ausschalten des Globalschutzes für ein Arbeitsblatt
(Vorgabe: Ausgeschaltet mit Nein).

<F9> PK   *Service-Befehl*
(Parameter-Kommunikation)
Festlegen einer bestimmten Konfigurations-Datei (.CNF-
Datei).

Bestimme	Festlegen der .CNF-Datei.
Annulliere	Annullieren der .CNF-Datei.

<F9> PM   *Service-Befehl*
(Parameter-Makro-Generierung)
Festlegen der Parameter bei der Makro-Programmierung.

Bereich	Festlegen des Bereichs zum Speichern der Makrobefehle.
Lösche	Löschen der Makros (nicht die Adresse des Makrobereichs).
Annulliere	Annullieren des Bereichs der Makro-Erzeugung.
Nein	Ausschaltung der Makro-Erzeugung.
Ja	Einschalten der Makro-Erzeugung.

<F9> T   *Service-Befehl*
(Transfer)
Übertragen von Informationen zwischen Arbeitsspeicher und
externem Speicher (z. B. Diskette oder Festplatte).

<F9> TA   *Service-Befehl*
(Transfer Auszug)
Aus dem aktuellen Arbeitsblatt werden Formeln oder Werte
ausgesucht und in einer festzulegenden Arbeitsblattdatei
gespeichert.

Formeln   Alle Eingaben (Formeln und Werte) werden
                   gespeichert.
Werte   Speichern der Werte, nicht der Formeln.

<F9> TB   *Service-Befehl*
(Transfer Bytes)
Gibt den Speicherplatz (in Bytes) auf der aktuellen Diskette
oder Festplatte an.

<F9> TD   *Service-Befehl*
(Transfer Dateiliste)
Zeigt einer Liste der Dateinamen an.

Blatt   Arbeitsblattdateien (Zusatz .WRK oder .WR1).
Druck   Druckdateien (Zusatz .PRN).
Grafik   Grafikdateien (Zusatz .PIC).
Alle   Anzeige aller Dateien.

<F9> TF   *Service-Befehl*
(Transfer Fremd)
Übernahme einer Standard-ASCII-Datei in das Arbeitsblatt.

Text   Einlesen einer Textdatei in eine Spalte.
Strukturiert   Nur Zahlen und Texte in " " werden übernommen.

<F9> TI   *Service-Befehl*
(Transfer Index)
Festlegen des aktuellen Laufwerkes und Verzeichnisses.

<F9> TK   *Service-Befehl*
(Transfer Kombiniere)
Übernahme von Teilen oder einer gesamten Arbeitsblatt-Datei
in das aktuelle Arbeitsblatt.

Kopiere   Ersetzen von Zellen des Arbeitsblattes durch solche
                   aus der Datei (nach Wahl: komplett oder
                   benannter Bereiche).

Addiere   Dateiwerte werden zu den Werten im Arbeitsblatt
                 addiert.
Subtrahiere   Dateiwerte werden von den Werten im Arbeitsblatt
                 subtrahiert.

<F9> TL   *Service-Befehl*
(Transfer Lade)
Laden einer Arbeitsblattdatei (Zusatz .WR1 oder .WRK) in den
Arbeitsspeicher.

<F9> TR   *Service-Befehl*
(Transfer Radiere)
Löschen einer Datei von der Diskette (Festplatte).

Blatt   Arbeitsblattdateien (Zusatz .WRK oder .WR1).
Druck   Druckdateien (Zusatz .PRN).
Grafik   Grafikdateien (Zusatz .PIC).
Alle   Löschen aller Dateien.

<F9> TS   *Service-Befehl*
(Transfer Speichere)
Speichern einer Datei im aktuellen oder festzulegenden Ver-
zeichnis.

<F9> TT   *Service-Befehl*
(Transfer Tabelle)
Im aktuellen Arbeitsblatt wird eine Liste der Dateien eingetra-
gen.

<F9> Z   *Service-Befehl*
(Zusatz)
Enthält zusätzliche Anwendungsprogramme.

<F9> ZA   *Service-Befehl*
(Zusatz Annulliere)
Alle Zusatzanwendungen werden annulliert und der Platz im
Arbeitsspeicher wird frei.

<F9> ZE   *Service-Befehl*
(Zusatz Entkopple)
Eine ausgewählte Zusatzanwendung ist nicht mehr aktiv.

<F9> **ZK**   *Service-Befehl*
(Zusatz Kopple)
Laden einer Zusatzanwendung in den Arbeitsspeicher.

<F9> **ZW**   *Service-Befehl*
(Zusatz Wähle)
Eine bereits gewählte Zusatzanwendung wird aktiviert.

<F10> **B**   *BLATT-Befehl*
(Bereich)
Ausführen von Operationen in Zellbereichen.

<F10> **BE**   *BLATT-Befehl*
(Bereich Ergebnisse)
Kopieren von Zellwerten (Ergebnisse einer Berechnung) in
einen Zielbereich.

<F10> **BF**   *BLATT-Befehl*
(Bereich Fülle)
Füllen eines Bereichs mit einer Zahlenreihe.

<F10> **BH**   *BLATT-Befehl*
(Bereich Häufigkeit)
Errechnen der Häufigkeitsverteilung in einem Bereich.

<F10> **BJ**   *BLATT-Befehl*
(Bereich Justierung)
Änderung der Justierung von Labels in einer Zelle oder einem
Bereich.

Linksbündig	Justieren am linken Zeilenrand.
Zentriert	Zentrieren.
Rechtsbündig	Justieren am rechten Zeilenrand.

<F10> **BN**   *BLATT-Befehl*
(Bereich Name)
Verwaltung der Liste der Bereichsnamen.

Erstelle	Eingabe in Bereichsnamen-Liste.
Lösche	Löschen eines Bereichsnamens.
Benenne	Benennen nebeneinander liegender Zellen (Rechts, Unten, Links, Oben).
Zurücksetzen	Löschen aller Bereichsnamen.
Tabelle	Einfügen der Bereichsnamen-Tabelle in das Arbeitsblatt.

<F10> BS   *BLATT-Befehl*
(Bereich Schutz)
Erlaubt oder verhindert Veränderungen in einem Zellbereich
in Verbindung mit Globalschutz im Service-Parameterblatt.

<u>E</u>rlaube-Veränderungen   Erlaubt Zellveränderungen
                         (setzt das "E"-Merkmal).
<u>V</u>erhindere-Veränderungen   Verhindert Zellveränderungen
                         (entfernt das "E"-Merkmal).

<F10> BV   *BLATT-Befehl*
(Bereich Vertausche)
Kopieren des Zellenbereiches und vertauschen von Spalten und
Zeilen.

<F10> BW   *BLATT-Befehl*
(Bereich Was-wenn)
Erstellen einer Was-wenn-Tabelle. Hier wird in einer
Empfindlichkeitsanalyse untersucht, wie sich die Formelergeb-
nisse ändern, wenn die Variablenwerte verändert werden.

<u>1</u>-Variable   Auswirkungen bei Änderungen in einer Zelle.
<u>2</u>-Variable   Auswirkungen bei Änderungen in zwei Zellen.
<u>A</u>nnulliere   Annullieren aller Was-wenn-Parameter.

<F10> B   *GRAFIK-Befehl*
(Bildspeicherung)
Speichern der Grafik in einer .PIC-Datei für den Ausdruck
mit PrintGraph.

<F10> B   *KOMM-Befehl*
(Break)
Sendet einem anderen Rechner das Unterbrechungszeichen
(Break-Signal).

<F10> B   *TEXT-Befehl*
(Bewege)
Bewegt einen Textblock an eine andere Stelle innerhalb des
Textes.

<F10> D   *BLATT-Befehl*
(Daten)
Datenbank-Operationen innerhalb des BLATT-Fensters.

<F10> **DA**   *BLATT-Befehl*
(Daten Auszug)
Nach bestimmten Kriterien ausgewählte Datensätze werden in
den Ausgabebereich des Arbeitsblattes kopiert.

<F10> **DD**   *BLATT-Befehl*
(Daten Datensortierung)
Sortieren der Datensätze. (Identischer Befehl: Maske Datensor-
tierung).

Eindeutig   Sortieren und entfernen von doppelten Datensätzen.
Alle   Sortieren, einschließlich doppelter Datensätze.

<F10> **DE**   *BLATT-Befehl*
(Daten Einzelauszug)
Ausgewählte Datensätze werden in einen anderen Bereich des
Arbeitsblattes kopiert und Duplikate entfernt.

<F10> **DF**   *BLATT-Befehl*
(Daten Finde)
Zeigt die ausgesuchten Datensätze (heller Balken).

<F10> **DL**   *BLATT-Befehl*
(Daten Lösche)
Löscht die ausgewählten Datensätze und paßt den neuen
Datenbereich und die entsprechenden Formeln an.

<F10> **DP**   *BLATT-Befehl*
(Daten Parameter)
Festlegen der Parameter in der Datenbank (s. den MASKE-
Befehl <F10> Parameter).

```
Datenbank-, Kriterien- und Ausgabebereiche                              MENU
Basis Maske Führungslinie Datensortierung Report Einzelsatz Name Annulliere Stop

Basisbereiche                         Reportbereiche
  Datenbank:                            Hauptteil:
  Kriterien:                            Oben:
  Ausgabe:                              Unten:
Maskenbereiche                          Typ          Einmalig
  Eingabe:                               Eingabeliste:
  Definition:                            Eingabezelle:
Führungslinie:    Ja                   Einzelsatz:    Nein
Sortierschlüssel
     1.:                    2.:                        3.:
    Folge:                 Folge:                     Folge:
                                             Datenbank-parameter:EINS



Daten Parameter
```

Bild 5

<F10> DPA   *BLATT-Befehl*
(Daten Parameter Annulliere)
Entfernen ausgewählter Datenbank-Parameter.

Basis   Annulliert die Basisbereiche
                    (Datenbank, Kriterien, Ausgabe).
Masken   Annulliert die Maskenbereiche
                    (Eingabe- und Definitionsbereich).
Sortierschlüssel   Annulliert die Sortierschlüssel.
Report   Annulliert die Report-Bereiche.
Alle   Annulliert alle Datenbank-Parameter.

<F10> DPB   *BLATT-Befehl*
(Daten Parameter Basis)
Eintragung der Parameter in die Basisbereiche Datenbank,
Kriterien und Ausgabe.

Datenbank   Speichern der Datensätze.
Kriterien   Speichern der Auswahlkriterien.
Ausgabe   Festlegen eines Arbeitsblattbereichs für Auszüge
                    aus der Datenbank.

<F10> **DPD** *BLATT-Befehl*
(Daten Parameter Datensortierung)
Festlegen der zu sortierenden Spalten. Die Sortierung erfolgt
nach maximal 3 Sortierschlüsseln.

<F10> **DPE** *BLATT-Befehl*
(Daten Parameter Einzelsatz)
Datenbank wird auf einen einzigen Datensatz beschränkt (Ja;
vorgegeben ist Nein, d. h. beliebig große Datenbank).

<F10> **DPF** *BLATT-Befehl*
(Daten Parameter Führungslinie)
Anzeige der Führungslinie für die Eingabefelder und Angabe
der Größe der Eingabefelder.

<F10> **DPM** *BLATT-Befehl*
(Daten Parameter Maske)
Festlegen der Bereiche für die Eingabe- und Definitionsmaske.

Eingabe	Festlegen der Eingabemaske mit Führungstext.
Definition	Festlegen der Vebindung zwischen dem Eingabebereich und dem Datenbank-Bereich (Speicherung der Daten).

<F10> **DPN** *BLATT-Befehl*
(Daten Parameter Name)
Verwalten der Datenbank-Parameterblätter.

Wähle	Auswahl eines Datenbank-Parameterblatts.
Erstelle	Erstellt eine Kopie des Blattes unter anderem Namen.
Lösche	Löschen eines Parameterblatts.
Vorhergehendes	Holt das vorhergehende Parameterblatt.
Folgendes	Holt das folgende Parameterblatt.
Ausgangsparam	Löschen der aktuellen Parameter für die Parameter Bereich, Sortierschlüssel und Sortieranordnungen und Rücksetzen der Ausgangsparameter.
Zurücksetzen	Löschen aller Parameterblätter. Es gibt dann nur noch ein Parameterblatt mit den Ausgangsparametern (s. Bild 5).

<F10> **DPR** *BLATT-Befehl*
(Daten Parameter Report)
Einstellung der Parameter zur Reporterstellung aus der Daten-
bank.

Hauptteil   Festlegen der Informationen, die pro Datensatz
                     ausgedruckt werden.
Oben   Drucken einer Report-Überschrift.
Unten   Drucken einer Report-Unterschrift.
Typ   Festlegen der Anzahl der Ausdrucke.

<F10> DT   *BLATT-Befehl*
(Daten Textanalyse)

Analysieren des Textbereiches durch Angabe bestimmter
Datenbank-Definitionen.

<F10> D   *KOMM-Befehl*
(Dateiübertragung)

Datenübertragung zwischen zwei Rechnerstationen.

Senden   Eine Datei wird gesendet.
Empfangen   Empfangen einer Datei.

<F10> E   *TEXT-Befehl*
(Ersetze)

Ein Text wird durch einen anderen ersetzt.

<F10> F   *BLATT-Befehl*
(Format)

Festlegen des Anzeigeformats für numerische Zahlenfelder.

Währung   Festlegen der Währungsbezeichnung.
Interpunktiert   Festlegen von Tausender-Punkten.
Fest   Eingabe von Festkommastellen.
%   Angabe des Prozent-Zeichens.
Allgemein   Keine Nullen nach dem Dezimalzeichen
                     (in diesen Fällen Exponentialdarstellung).
Datum   Einstellung der Datumsanzeige.
Zeit   Darstellung der Zeitanzeige.
Exp-Form   Exponentialdarstellung.
Optionen   Auswahl bestimmter Anzeigen:
                     Balkendiagramm: Auswertung als Balkendiagramm;
                     Text: Ausgabe der Formeln (nicht der Werte);
                     Verborgen: Keine Zellanzeige.

<F10> F   *MASKE-Befehl*
(Feld)

Ein Feld wird in einer Eingabemaske eingefügt, gelöscht oder
in dieser Maske bewegt.

<F10> FB   *MASKE-Befehl*
(Feld Bewege)
Ein Feld wird an eine neue Stelle in der Maske bewegt.

<F10> FE   *MASKE-Befehl*
(Feld Einfügen)
Einfügen eines neuen Feldes in die Eingabemaske.

<F10> FL   *MASKE-Befehl*
(Feld Löschen)
Löschen eines Feldes aus der Eingabemaske.

<F10> F   *TEXT-Befehl*
(Format)
Festlegen eines Formates zur Texteingabe.

<F10> FA   *TEXT-Befehl*
(Format Aendere)
Ändern einer bestehenden Formatzeile.

<F10> FE   *TEXT-Befehl*
(Format Erstelle)
Erstellen einer neuen Formatzeile.

<F10> FP   *TEXT-Befehl*
(Format Parameter)
Ändern der Textparameter.

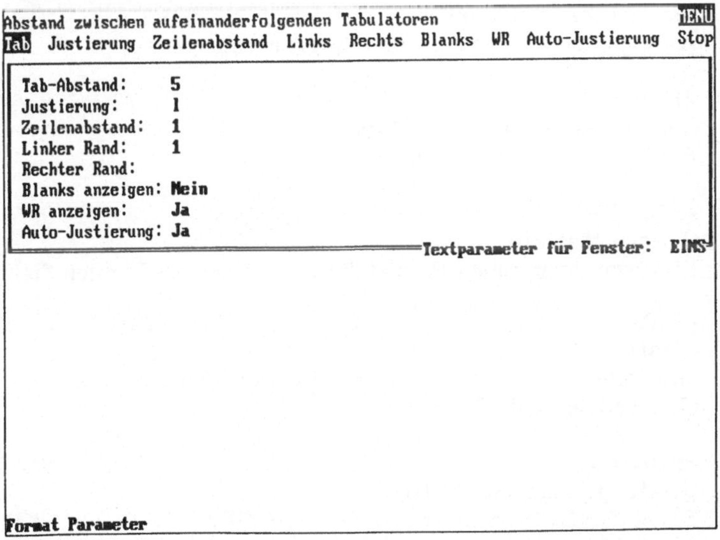

Bild 6

<F10> **FPA**   *TEXT-Befehl*
(Format Parameter Auto-Justierung)
Text wird automatisch justiert (Vorgabe: Ja).

<F10> **FPB**   *TEXT-Befehl*
(Format Parameter Blanks)
Anzeige der Leerzeichen (Vorgabe: Nein).

<F10> **FPJ**   *TEXT-Befehl*
(Format Parameter Justierung)
Festlegung der Textjustierung (Vorgabe: Links)

<F10> **FPL**   *TEXT-Befehl*
(Format Parameter Links)
Textjustierung erfolgt linksbündig.

<F10> **FPR**   *TEXT-Befehl*
(Format Parameter Rechts)
Textjustierung erfolgt rechtsbündig.

<F10> **FPT**   *TEXT-Befehl*
(Format Parameter Tab)
Festlegen des Tabulatorabstandes.

<F10> **FPW**   *TEXT-Befehl*
(Format Parameter WR)
Anzeige des Wagenrücklaufs (Vorgabe: Ja).

<F10> **FPZ**   *TEXT-Befehl*
(Format Parameter Zeilenabstand)
Festlegen des Zeilenabstandes.

<F10> **FW**   *TEXT-Befehl*
(Format Wähle)
Einfügen einer neuen Format-Zeile an einer bestimmten Stelle.

<F10> **G**   *BLATT-Befehl*
(Grafik)
Grafische   Auswertung   des   BLATT-Fensters   (s.   auch
GRAFIK-Befehl <F10> 1).

<F10> **G1**   *BLATT-Befehl*
(Grafik 1.-Parameterblatt)
Erstes Grafik-Parameterblatt (s. auch GRAFIK-Befehl <F10>
1 und Bild 7).

<F10> G2 *BLATT-Befehl*
(Grafik 2.-Parameterblatt)
Erstes Grafik-Parameterblatt (s. auch GRAFIK-Befehl <F10>
2 und Bild 8).

<F10> GV *BLATT-Befehl*
(Grafik Vorschau)
Anzeige einer Grafik entsprechend der Festlegungen im aktu-
ellen Parameterblatt.

<F10> G *MASKE-Befehl*
(Generiere)
Erzeugung einer Datenbank, deren Eingabe- und sonstige
Bereiche.

Label	Feldtyp ist ein Label (Etikett).
Numerisch	Feldtyp ist eine Zahl.
Datum	Feldtyp ist ein Datum.
Zeit	Feldtyp ist eine Zeit.
Berechnet	Feldtyp wurde berechnet.

<F10> I *MASKE-Befehl*
(Initialisiere)
Alle Felder der Eingabemaske werden gelöscht und mit den
vorgegebenen Werten (falls vorhanden) aufgefüllt.

<F10> J *TEXT-Befehl*
(Justiere)
Justieren des Textes nach jeder Neueingabe (Voreinstellung im
Text-Parameterblatt in Bild 6: Auto-Justierung: Ja).

Absatz	Text des aktuellen Absatzes wird justiert.
Textfolge	Justieren des gesamten Textes.

<F10> K *BLATT-Befehl*
(Kopie)
Kopieren eines Quellbereiches in einen Zielbereich.

<F10> K   *MASKE-Befehl*
(Kriterien)
Festlegung der Kriterien zur Auswahl in einer Datenbank.

<F10> K   *TEXT-Befehl*
(Kopie)
Kopieren eines Textteils von einer Stelle zu einer anderen.

<F10> L   *BLATT-Befehl*
(Löschen)
Löschen von Spalten oder Zeilen innerhalb eines Arbeitsblattes.

Spalten	Löschen von Spalten des entsprechenden Bereichs.
Zeilen	Löschen von Zeilen des entsprechenden Bereichs.
Global	Löschen von Spalten oder Zeilen im gesamten Arbeitsblatt.

<F10> L   *KOMM-Befehl*
(Logon)
Herstellen der Verbindung zu einem anderen Rechner (Bestimmen des Anfangsbuchstabens A bis J der vereinbarten Zeichenfolge).

<F10> L   *TEXT-Befehl*
(Lösche)
Löschen eines Textblockes.

<F10> M   *TEXT-Befehl*
(Markiere)
Benennung einer Zeile oder der Formatzeile.

Zuordnen	Markieren der Zeile mit einem Namen.
Annullieren	Annullieren der Markierung.

<F10> N   *TEXT-Befehl*
(Neue-Seite)
Ein Seitenwechsel wird ausgelöst.

<F10> P   *BLATT-Befehl*
(Param)
Anzeige und Änderung der Arbeitsblatt-Parameter.

```
Bestimmt die vorgegebene Labeljustierung (links, rechts, zentriert)    MENÜ
Labelpräfix  Kalkulation  Titel  Format  Breite  Null    Stop

  Schleife              (nein)
  Labelpräfix:            '
                                         ┌─────────────────────┐
  Kalkulation                            │  Titel              │
    Methode:            Automatisch      │    Spalten: 0       │
    Folge:              Optimal          │    Zeilen:  0       │
    Iterationen:        1                │  Format:    (A)     │
                                         │  Breite:    9       │
  Null-Unterdrückung      Nein           └─Für Fenster: EINS───┘

                                              Arbeitsblattparameter

Param
```

Bild 7

<F10> **PB**   *BLATT-Befehl*
(Param **B**reite)
Festlegen der Spaltenbreite.

<F10> **PF**   *BLATT-Befehl*
(Param **F**ormat)
Bestimmung des numerischen Anzeigeformats.

Währung	Festlegen des Währungszeichens.
Interpunktiert	Tausender-Punkte einfügen.
Fest	Einstellen von Dezimalstellen.
%	Angabe des %-Zeichens.
Allgemein	Keine Nullen hinter dem Dezimalzeichen (sehr große und sehr kleine Zahlen erscheinen in Exponentialdarstellung).
Datum	Festlegen des Datum-Formats.
Zeit	Festlegen des Zeit-Formats.
E**x**p.-Form	Exponentialdarstellung der Zahlen.
Optionen	Auswahl eines Balkendiagramms, der Formeln (Text) und das Verhindern einer Anzeige (Verborgen).

<F10> **PK**   *BLATT-Befehl*
(Param **K**alkulation)
Angabe, mit welcher Methode, in welcher Reihenfolge und
wie oft die Berechnung erfolgen soll.

<F10> PKF   *BLATT-Befehl*
(Param Kalkulation Folge)
Festlegen der Reihenfolge, in der die Formeln neu berechnet
werden.

Natürliche-Folge   Zunächst werden die abhängigen Formeln
                    berechnet.
Spalte-für-Spalte   Spaltenweises Berechnen.
Zeile-für-Zeile   Zeilenweises Berechnen.
Optimal   Berechnen nur der geänderten Formeln.

<F10> PKI   *BLATT-Befehl*
(Param Kalkulation Iterationen)
Berechnung der Anzahl der Berechnungsdurchgänge.

<F10> PKM   *BLATT-Befehl*
(Param Kalkulation Methode)
Berechnung der Formeln bei Änderung automatisch (Automa-
tisch) oder durch Drücken der KALK-Taste (Manuell).

<F10> PL   *BLATT-Befehl*
(Param Labelpräfix)
Festlegung der Labeljustierung (links, rechts und zentriert).

<F10> PN   *BLATT-Befehl*
(Param Null)
Einschalten der Null-Unterdrückung (leere Zellen werden
durch Nullen angezeigt; Vorgabe: Nein, d. h. Anzeige der
Nullen).

<F10> PT   *BLATT-Befehl*
(Param Titel)
Festlegen von Zeilen und Spalten als Titel.

Beide   Festlegen der Zeilen oberhalb und der Spalten
                    links vom Cursor.
Horizontal   Festlegen der Zeilen oberhalb des Cursors.
Vertikal   Festlegen der Spalten links vom Cursor.
Annulliere   Entfernen der Titel in den Zeilen und Spalten.

<F10> P   *KOMM-Befehl*
(Parameter)
Anzeigen und Ändern der Kommunikations-Parameter.

```
Geschwindigkeit und Art der Datenübertragung                              MENÜ
Interface Apparat Terminal Verfahren Break Handshaking Protokoll Logon Name Stop

   Interface              Terminal              Verfahren
     Baud:                  Schirm:   Fenster     Zeilenende: \m
     Parität:               Echo:     Nein        Verzöger.:  0
     Länge:                 ZL:       Nein        Quittung:   \j
     Stop-bits:             Rücktaste: Rückschr.  Format:     Nein
     Komm Anschl:           Umbruch:  Ja          Break-Dauer: 60
   Apparat                  Verzöger.: 0          Handshaking
     Typ:        Impuls     Code-Umsetzung:         Eingehend:  Ja
     Wählzeit:   60             (keine)             Abgehend:   Ja
     Antw-Zeit:  15                               Protokoll:
     Nummer:                                        Bereich:    Nein
                                                    Drucker:    Nein
                                            Kommunikationsparameter:

Parameter
```

Bild 8

<F10> PA   *KOMM-Befehl*
(Parameter Apparat)

Angabe der technischen Einzelheiten beim Modem.

Typ	Der Telefontyp wird eingestellt Impuls (Wählscheibe; Vorgabe); Ton (Tastatur).
Wählzeit	Zeit in Sekunden zur Herstellung einer Verbindung (Vorgabe: 60 Sekunden).
Antwortzeit	Zeit in Sekunden zur Beantwortung eines Anrufs (Vorgabe: 15 Sekunden).
Nummer	Anzeige und Änderung der Telefonnummer.

<F10> PB   *KOMM-Befehl*
(Parameter Break)

Übermitteln eines BREAK-Signals (Vorgabe: 60 Millisekunden). Dieses Signal veranlaßt den Empfänger, seine Arbeit zu unterbrechen und zu antworten.

<F10> PH   *KOMM-Befehl*
(Parameter Handshaking)

Einstellen des Handshaking-Signals XON/XOFF bei der Kommunikation.

Eingehend	Möglichkeit, die Übertragung zum Empfänger von Symphony-Daten zu beenden (Vorgabe: Ja).
Abgehend	Möglichkeit, die Übertragung zum Sender von Symphony-Daten zu beenden (Vorgabe: Ja).

<F10> PI   *KOMM-Befehl*
(Parameter Interface)
Einstellung der Schnittstelle der Kommunikation.

Baud	Übertragungsgeschwindigkeit (Vorgabe: 1 oder 110 Baud).
Parität	Verwendung des Parität-Bits (Vorgabe: Ohne).
Länge	Zeichenlänge (Anzahl Bit; Vorgabe: 7 Bit).
Stop-bits	Anzahl Bits für Wortende (Vorgabe: 1 Bit).
KOMM-Anschluß	Wahl des seriellen Anschlusses (Vorgabe: COM1).

<F10> PL   *KOMM-Befehl*
(Parameter Logon)
Einstellen der Parameter zur Kommunikation mit dem entfernten Rechner (Logon-Folge).

```
Wartezeit bis zu einem erfolgreichen Logon                              MENÜ
Maximaldauer  Wiederholzeit  A  B  C  D  E  F  G  H  I  J  Neu  Stop

    Zahl   Terminal (Max.-Zeit 0)            Host (Wiederh.-Zeit 0)
  A 1
  B 1
  C 1
  D 1
  E 1
  F 1
  G 1
  H 1
  I 1
  J 1
                                                    =Logon-Parameter: =




Parameter Logon
```

Bild 9

Maximaldauer	Wartezeit bis Kommunikation erfolgt ist.
Wiederholzeit	Zeit in Sekunden, bis der Host sich meldet, um eine Zeichenfolge zu wiederholen.
A bis J	Abkürzung für eine Zeichenfolge.
Neu	Löschen der Logon-Parameter.

<F10> PN   *KOMM-Befehl*
(Parameter Name)
Verwalten der Konfigurations-Dateien (.CCF).

Speichere	Speichern der aktuellen Konfiguration.
Lade	Laden einer Konfigurations-Datei.
Radiere	Löschen einer Konfigurations-Datei.
Anruf-und-Logon	Auswahl einer Konfigurations-Datei.

<F10> PP   *KOMM-Befehl*
(Parameter Protokoll)
Verarbeitung der eingehenden Daten.

Drucker	Senden an den Drucker.
Bereich	Speichern in einen Bereich im Arbeitsblatt.
Lösche	Löschen des Inhalts des Protokoll-Bereichs.
Annulliere	Keine Weiterverarbeitung eingehender Daten.

<F10> PT   *KOMM-Befehl*
(Parameter Terminal)
Ändern der eingestellten Daten des Terminals.

Schirm	Kommunizieren innerhalb eines Fensters oder auf dem gesamten Bildschirm (Vorgabe: Fenster).
Echo	Eingegebene Zeichen erscheinen auf dem Bildschirm (Echo; Vorgabe: Nein).
Zeilenvorschub	Nach <RETURN> erfolgt ein Zeilenvorschub.
Rückschalttaste	Einstellung der Rückschalttaste (<BACKSPACE>); Löschen des vorhergehenden Zeichens.
Umbruch	Sendezeichen, die über eine Zeile gehen, werden umgebrochen, d. h. in die nächste Zeile geschoben.
Verzögerung	Zeit zwischen zwei Zeichen (Vorgabe: 1/128 Sekunde).
Code-Umsetzung	Umwandeln von Zeichencodes (z. B. bei nationalen Sonderzeichen).

<F10> PV   *KOMM-Befehl*
(Parameter Verfahren)
Wahl der ASCII-Steuerzeichen beim Senden.

Zeilenende	Zeichen für Zeilenende.
Verzögerung	Zeit zwischen zwei übertragenen Zeilen.
Quittungszeichen	Zeichen vor dem Senden der nächsten Zeile.
Format	Übertragen der Formatzeichen im TEXT-Blatt (z. B. Seitenwechsel, Tabulatoren usw.).

<F10> P   *MASKE-Befehl*
(Parameter)
Festlegen der Parameter für die Datenbank (s. Bild 5).

<F10> PA   *MASKE-Befehl*
(Parameter Annulliere)
Entfernen eingestellter Parameter aus dem Parameterblatt.

Basis	Entfernen der Basisbereiche (s. Bild 5).
Masken	Entfernen der Maskenbereiche (s. Bild 5).
Sortierschlüssel	Entfernen der Sortierschlüssel.
Report	Entfernen der Reportbereiche (s. Bild 5).
Alle	Entfernen aller Parameter.

<F10> PB   *MASKE-Befehl*
(Parameter Basis)
Einstellen der Basisbereiche (Datenbank, Kriterien und Ausgabe, s. Bild 5).

<F10> PD   *MASKE-Befehl*
(Parameter Datensortierung)
Festlegen des 1., 2. und 3. Datensortierschlüssels.

<F10> PE   *MASKE-Befehl*
(Parameter Einzelsatz)
Definition der gesamten Datenbank als ein einziger Datensatz
(Vorgabe: Nein).

<F10> PF   *MASKE-Befehl*
(Parameter Führungslinie)
Anzeige der Größe des Eingabefeldes durch eine Führungslinie
(Vorgabe: Ja).

<F10> PM   *MASKE-Befehl*
(Parameter Maske)
Festlegen der Bereiche für eine Eingabemaske und der Verbindung zwischen Eingabemaske und Datenbank.

Eingabe   Bereich für die Eingabemaske.
Definition   Verbindung zwischen Eingabemaske und Datenbank.

<F10> PN   *MASKE-Befehl*
(Parameter Name)
Verwaltung von Datenbank-Parameterblätter.

Wähle   Auswahl eines Parameterblattes.
Erstelle   Kopie eines Parameterblattes unter neuem Namen.
Lösche   Löschen eines Parameterblattes aus dem Verzeichnis.
Vorhergehendes   Vorhergehendes Parameterblatt anzeigen.
Folgendes   Folgendes Parameterblatt anzeigen.
Ausgangsparam   Löschen der Parameter für Bereich und Sortierung;
                   Rücksetzen der Ausgangsparameter.
Zurücksetzen   Löschen aller Parameterblätter.

<F10> PR   *MASKE-Befehl*
(Parameter Report)
Festlegen der Bereiche für einen Datenbank-Report.

<F10> R   *BLATT-Befehl*
(Radiere)
Löschen des Inhalts eines Zellenbereichs.

<F10> S   *BLATT-Befehl*
(Spalte)
Festlegen der Spaltenbreite.

Bestimme   Genaue Festlegung der Spaltenbreite.
Standard   Einstellung der vorgegebenen Spaltenbreite.
Verberge   Spalte wird nicht angezeigt.
Anzeigen   Wiederanzeigen verborgener Spalten.

<F10> S   *KOMM-Befehl*
(Sende-Bereich)
Festlegen eines Bereiches, der zu einem anderen Rechner
gesendet werden soll.

<F10> S   *MASKE-Befehl*
(Sortiere)
Sortieren der ausgewählten Daten entsprechend den eingestellten Sortierschlüsseln.

<F10> T   *KOMM-Befehl*
(Telefon)
Zur Datenübertragung wird das Telefon (Modem) benutzt.

Rufe-an	Wahl der Telefonnummer.
Wartemodus	Einschalten des automatischen Beantworters.
Antworte	Beantworten eines eingehenden Anrufs.
Ende	Beenden eines Anrufs.
Daten	Umschalten auf Datenübertragung.
Gespräch	Umschalten auf Gespräch.

<F10> T   *TEXT-Befehl*
(Textsuche)
Suchen einer Zeichenfolge.

<F10> V   *BLATT-Befehl*
(Versetze)
Versetzen eines Bereiches von Zelleingaben.

<F10> V   *MASKE-Befehl*
(Verknüpfe)
Verknüpfen einer Eingabemaske mit der Datenbank.

<F10> 1   *GRAFIK-Befehl*
(1.-Parameterblatt)
Festlegen der Grafik und ihre Ausgabe im 1. Parameterblatt.

Grafik 1. Parameterblatt

Bild 10

<F10> 12   *GRAFIK-Befehl*
(1.-Parameterblatt 2.-Blatt)
Umschalten zum 2. Parameterblatt (s. Bild 11).

<F10> 1A   *GRAFIK-Befehl*
(1.-Parameterblatt Annulliere)
Entfernen eines Grafikparameters im 1. Parameterblatt.

<F10> 1B   *GRAFIK-Befehl*
(1.-Parameterblatt Bereich)
Festlegen der Bereiche für die grafische Ausgabe (X-Achse
und Bereiche von A bis F).

<F10> 1C   *GRAFIK-Befehl*
(1.-Parameterblatt Colorierung)
Wahl der Farben oder Schraffuren.

<F10> 1D   *GRAFIK-Befehl*
(1.-Parameterblatt Datenlabel)
Auswahl der Beschriftung einzelner Daten (Datenlabel) in der
Grafik.

<F10> 1F   *GRAFIK-Befehl*
(1.-Parameterblatt Format)
Festlegen von Linien oder Zeichensymbolen.

<F10> 1L   *GRAFIK-Befehl*
(1.-Parameterblatt Legende)
Texte für den unteren Zeichenrand.

<F10> 1N   *GRAFIK-Befehl*
(1.-Parameterblatt Name)
Verwaltung des Verzeichnisses aller Grafik-Parameterblätter.

<F10> 1T   *GRAFIK-Befehl*
(1.-Parameterblatt Typ)
Wahl zwischen verschiedenen grafischen Darstellungsmöglich-
keiten.

```
Linie              Liniendiagramm.
Balken             Balkendiagramm.
Stapelbalken       Diagramm mit Stapelbalken.
XY                 XY-Diagramm.
Kreis              Kreisdiagramm.
Aktienverlauf      Diagramm eines Aktienverlaufs.
```

<F10> 2   *GRAFIK-Befehl*
(2.-Parameterblatt)
Festlegen der Grafik und ihre Ausgabe im zweiten Parameterblatt.

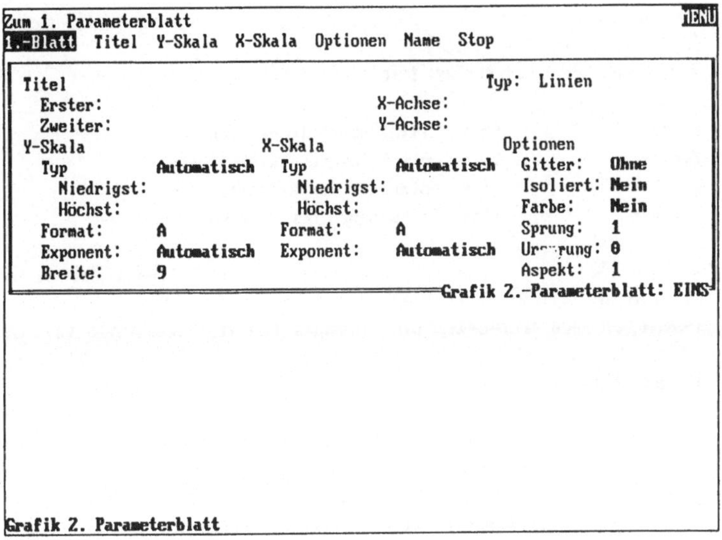

```
Zum 1. Parameterblatt                                              MENÜ
1.-Blatt  Titel  Y-Skala  X-Skala  Optionen  Name  Stop
┌──────────────────────────────────────────────────────────────────┐
│  Titel                                        Typ:  Linien         │
│    Erster:                        X-Achse:                         │
│    Zweiter:                       Y-Achse:                         │
│  Y-Skala                 X-Skala               Optionen            │
│    Typ        Automatisch  Typ        Automatisch  Gitter:   Ohne  │
│      Niedrigst:              Niedrigst:            Isoliert: Nein  │
│      Höchst:                 Höchst:               Farbe:    Nein  │
│    Format:    A            Format:    A            Sprung:   1     │
│    Exponent:  Automatisch  Exponent:  Automatisch  Ursrung:  0    │
│    Breite:    9                                    Aspekt:   1     │
│                                      Grafik 2.-Parameterblatt: EINS│
│                                                                    │
│                                                                    │
│                                                                    │
│                                                                    │
│                                                                    │
│                                                                    │
│  Grafik 2. Parameterblatt                                          │
└──────────────────────────────────────────────────────────────────┘
```

Bild 11

<F10> 21   *GRAFIK-Befehl*
(2.-Parameterblatt 1.-Blatt)
Umschalten ins erste Parameterblatt.

<F10> 2N   *GRAFIK-Befehl*
(2.-Parameterblatt Name)
Verwaltung des Verzeichnisses aller Grafik-Parameterblätter.

<F10> 2O   *GRAFIK-Befehl*
(2.-Parameterblatt Optionen)
Festlegen zusätzlicher Parameter.

Gitter	Einzeichnen von Gitterlinien (Horizintal, Vertikal, Gekreuzt, Ohne).
Isoliere	Entfernen der Anzeigen außerhalb der Grafik.
Farbe	Einschalten der Farben oder Schraffuren (Vorgabe: Nein).
Sprung	Abstand der Markierungen.
Ursprung	Wahl des Zeichnungsursprungs.
Aspekt	Wahl des Verhältnisses horizontal zu vertikal.

<F10> 2T GRAFIK-Befehl
(2.-Parameterblatt Titel)
Wahl von Beschriftungstiteln.

Erster	Erster Titel oberhalb der Grafik.
Zweiter	Titel unterhalb des ersten Titels.
X-Achse	Titel unterhalb der X-Achse.
Y-Achse	Titel links neben der Y-Achse.

<F10> 2X GRAFIK-Befehl
(2.-Parameterblatt X-Skala)
Festlegen des numerischen Formats für die X-Achse (zu den
Möglichkeiten der Formateinstellung s. BLATT-Befehl <F10>
Param Format).

Typ	Festlegen der Skala (Manuell-linear, Automatisch-linear, Logarithmisch).
Format	Zahlendarstellung entlang der X-Achse (Währung, Interpunktiert, Fest, %, Allgemein, Datum, Zeit, Exp-Form, Optionen).
Exponent	Darstellung der Zehnerpotenzen (Automatisch, Manuell).

<F10> 2YB GRAFIK-Befehl
(2.-Parameterblatt Y-Skala Breite)
Breite zur Zahlendarstellung entlang der Y-Achse.

<F10> 2YE GRAFIK-Befehl
(2.-Parameterblatt Y-Skala Exponent)
Darstellung der Zehnerpotenzen entlang der Y-Achse.

<F10> 2YF GRAFIK-Befehl
(2.-Parameterblatt Y-Skala Format)
Bestimmung des numerischen Anzeigeformats entlang der Y-
Achse.

Währung	Angabe eines Währungszeichens.
Interpunktiert	Darstellung mit Tausenderpunkten.
Fest	Wahl der Dezimalstellen.
%	Ausgabe des %-Zeichens.
Allgemein	Nur bei großen und kleinen Zahlen Ausgabe im Exponential-Format.
Datum	Datumsangabe.
Zeit	Zeitangabe.

<u>E</u>xp-Form	Darstellung in Exponentialschreibweise.
<u>O</u>ptionen	Darstellung der Werte als Balkendiagramm
	(<u>B</u>alkendiagramm), als Formelbezeichnung (<u>T</u>ext)
	oder keine Anzeige (<u>V</u>erborgen).

<F10> 2YT   *GRAFIK-Befehl*
(2.-Parameterblatt Y-Skala Typ)
Wahl der Einteilung der Y-Achse.

<u>M</u>anuell-linear	Bestimmen der oberen und unteren Grenzen.
<u>A</u>utomatisch-linear	Automatisches Setzen der oberen und unteren
	Grenzen innerhalb eines linearen Maßstabs.
<u>L</u>ogarithmisch	Wahl eines logarithmischen Maßstabs.

@ABS (*x*)   *mathematische Funktion*
Absolutwert von *x*.

@ACOS (*x*)   *mathematische Funktion*
Arcuscosinus von *x*.

@AFADEG   *Finanzfunktion*
(*Kosten;Restwert;Lebensdauer;Periode*)
Degressive Abschreibung.

@AFADIG   *Finanzfunktion*
(*Kosten;Restwert;Lebensdauer;Periode*)
Digitale Abschreibung.

@AFALIN (*Kosten;Restwert;Lebensdauer*)   *Finanzfunktion*
Lineare Abschreibung.

@AKTWERT   *Finanzfunktion*
(*Investition;Zinssatz;Perioden*)
Gegenwartswert (Barwert) von Kapitaleinsätzen.

@ANN (*Zahlung;Zinssatz;Zukwert*)   *Finanzfunktion*
Anzahl der Zahlungsperioden einer nachschüssigen Rente (Annuität).

@ANZAHL (*Argument-Liste*)   *statistische Funktion*
Anzahl der Einträge in der *Argument-Liste*.

@ASIN (*x*)   *mathematische Funktion*
Arcussinus von *x*.

@ATAN (*x*)   *mathematische Funktion*
Arcustangens von *x* (zwei Quadranten).

@ATAN2 (*x;y*)   *mathematische Funktion*
Arcustangens von *x/y* (vier Quadranten).

@CODE (*Zeichenfolge*)   *Zeichenfolge-Funktion*
ASCII/LICS-Codenummer des ersten Zeichens in der *Zeichenfolge*.

@COS (*x*)   *mathematische Funktion*
Cosinus von x.

@DANZAHL *statistische Datenbankfunktion*
(Datenbank-Bereich;Spaltennummer; Kriterien-Bereich)
Anzahl der Zellen in der *Spaltennummer* des *Datenbank-Bereiches*, die den Kriterien im *Kriterien-Bereich* entsprechen.

@DATUM *(Jahr;Monat;Tag)* *Zeitfunktion*

@DATUMWERT *(Datum-Folge)* *Zeitfunktion*

@DMAX *statistische Datenbankfunktion*
(Datenbank-Bereich;Spaltennummer; Kriterien-Bereich)
Höchstwert in der *Spaltennummer* des *Datenbank-Bereiches*, der den Kriterien des *Kriterien-Bereiches* entspricht.

@DMIN *statistische Datenbankfunktion*
(Datenbank-Bereich;Spaltennummer; Kriterien-Bereich)
Geringster Wert in der *Spaltennummer* des *Datenbank-Bereiches*, der den Kriterien des *Kriterien-Bereiches* entspricht.

@DMITTELWERT *statistische Datenbankfunktion*
(Datenbank-Bereich;Spaltennummer; Kriterien-Bereich)
Mittelwert der Werte in der *Spaltennummer* des *Datenbank-Bereiches*, der den Kriterien des *Kriterien-Bereiches* entspricht.

@DSTABW *statistische Datenbankfunktion*
(Datenbank-Bereich;Spaltennummer; Kriterien-Bereich)
Standardabweichung der Werte in der *Spaltennummer* des *Datenbank-Bereiches*, der den Kriterien des *Kriterien-Bereiches* entspricht.

@DSUMME *statistische Datenbankfunktion*
(Datenbank-Bereich;Spaltennummer; Kriterien-Bereich)
Summe der Werte in der *Spaltennummer* des *Datenbank-Bereiches*, der den Kriterien des *Kriterien-Bereiches* entspricht.

@DVAR *statistische Datenbankfunktion*
(Datenbank-Bereich;Spaltennummer; Kriterien-Bereich)
Varianz der Werte in der *Spaltennummer* des *Datenbank-Bereiches*, der den Kriterien des *Kriterien-Bereiches* entspricht.

@EIGENNAME *(Zeichenfolge)* *Zeichenfolge-Funktion*
Die Wörter in der *Zeichenfolge* beginnen mit einem großen Buchstaben.

@ERSETZEN   *Zeichenfolge-Funktion*
(Original-Zeichenfolge;Startnummer;Anzahln;Ersatz-Zeichen-folge)
Ab der *Startnummer* werden *n* Zeichen aus der *Original-Zeichenfolge* gelöscht und die *Ersatz-Zeichenfolge* an dieser Stelle eingefügt.

@EXP *(x)*   *mathematische Funktion*
Exponentialfunktion von *x*.

@F *(Bereich)*   *Zeichenfolge-Funktion*
Wert der Zeichenfolge der linken oberen Eckzelle des *Bereichs*.

@FALSCH   *logische Funktion*
Logischer Wert 0 (FALSCH).

@FEHLER   *Sonderfunktion*
Der numerische Wert des Fehlers.

@FINDEN   *Zeichenfolge-Funktion*
(Suchfolge;Zeichenfolge;Startnummer)
Position, bei der die *Suchfolge* das erste Mal in der *Zeichenfolge* auftritt, wobei mit der *Startnummer* begonnen wird.

@FOLGE *(x;n)*   *Zeichenfolge-Funktion*
Setzt den Wert *x* in eine Festformat-Zeichenfolge mit *n* Dezimalstellen um.

@GANZZAHL *(x)*   *mathematische Funktion*
Ganzzahliger Teil von *x*.

@GLEICH   *Zeichenfolge-Funktion*
(Zeichenfolge1;Zeichenfolge2)
Prüfen, ob die *Zeichenfolge1* und die *Zeichenfolge2* die gleichen Zeichen aufweisen.

@GROSS *(Zeichenfolge)*   *Zeichenfolge-Funktion*
Sämtliche Buchstaben in der *Zeichenfolge* werden Großbuchstaben.

@HVERWEIS   *Sonderfunktion*
(Argument;Zeilen-Bereich;Versatz)
Horizontaler Tabellenverweis: Das *Argument* in einem *Bereich* ist wieder nach *Versatz* Zeilen zu finden.

@INDEX *(Bereich;Spaltennr.;Zeilennr.)*   *Sonderfunktion*
Inhalt der Zelle am Schnittpunkt zwischen Spalte und Zeile.

@INTZINS   *Finanzfunktion*
(Startzinssatz;Rückfluß-Bereich)
Interner Zinsfuß.

@ISTFEHLER *(x)*   *logische Funktion*
Wenn *x* den Wert Fehler enthält, dann 1 (WAHR); sonst 0
(FALSCH).

@ISTFOLGE *(x)*   *logische Funktion*
Wenn *x* einen Zeichenfolgenwert enthält, dann 1 (WAHR);
sonst 0 (FALSCH).

@ISTNV *(x)*   *logische Funktion*
Wenn für *x* kein numerischer Wert verfügbar ist (NV), dann 1
(WAHR); sonst 0 (FALSCH).

@ISTZAHL *(x)*   *logische Funktion*
Wenn *x* einen numerischen Wert enthält, dann 1 (WAHR);
sonst 0 (FALSCH).

@JAHR *(Datumseriennummer)*   *Zeitfunktion*

@JETZT   *Zeitfunktion*
Seriennummer des gegenwärtigen Zeitpunkts.

@KLÄREN *(Zeichenfolge)*   *Zeichenfolge-Funktion*
Entfernt Kontrollzeichen (einschließlich der Formatierungs-
zeichen in der Textverarbeitung) aus einer *Zeichenfolge*.

@KLEIN *(Zeichenfolge)*   *Zeichenfolge-Funktion*
Sämtliche Buchstaben in der *Zeichenfolge* werden Kleinbuch-
staben.

@KOMPR *(Zeichenfolge)*   *Zeichenfolge-Funktion*
Zeichenfolge ohne führende, abschließende oder aufeinander-
folgende Leerzeichen (Erzeugen einer komprimierten Zeichenfolge).

@LAUF *(Zinssatz;Zukwert;Aktwert)*   *Finanzfunktion*
Laufzeit eines Darlehens.

@LÄNGE (*Zeichenfolge*)   *Zeichenfolge-Funktion*
Anzahl Zeichen in der *Zeichenfolge*.

@LINKS (*Zeichenfolge;n*)   *Zeichenfolge-Funktion*
Die ersten *n* Zeichen der *Zeichenfolge*.

@LN (*x*)   *mathematische Funktion*
Natürlicher Logarithmus von *x*.

@LOG (*x*)   *mathematische Funktion*
Zehnerlogarithmus von *x*.

@MAX (*Argument-Liste*)   *statistische Funktion*
Höchstwert in der *Argument-Liste*.

@MIN (*Argument-Liste*)   *statistische Funktion*
Kleinster Wert in der *Argument-Liste*.

@MINUTE (*Zeitseriennummer*)   *Zeitfunktion*

@MITTE   *Zeichenfolge-Funktion*
(*Zeichenfolge;Startnummer;Längennummer*)
Gibt die *Zeichenfolge* an, die bei der *Startnummer* beginnt
und die Länge *Längennummer* hat.

@MITTELWERT (*Argument-Liste*)   *statistische Funktion*
Mittelwert der Werte in der *Argument-Liste*.

@MOD (*x;y*)   *mathematische Funktion*
Rest von *x* geteilt durch *y*.

@MONAT (*Datumseriennummer*)   *Zeitfunktion*

@NETAKTWERT   *Finanzfunktion*
(*Zinssatz;Rückfluß-Bereich*)
Kapitalwert einer Investition.

@NV   *Sonderfunktion*
Numerischer Wert nicht verfügbar.

@PI   *mathematische Funktion*
Zahl pi = 3,14159...

@RATE (*Kapital;Zinssatz;Perioden*)   *Finanzfunktion*
Periodische Rückzahlungsrate eines Darlehens, wenn die Höhe
des *Kapitals*, der *Zinssatz* und die Laufzeit (*Periode*) bekannt
ist.

@RECHTS (*Zeichenfolge;n*)   *Zeichenfolge-Funktion*
Die letzten *n* Zeichen einer *Zeichenfolge*.

@RUNDEN (*x;n*)   *mathematische Funktion*
Wert von *x* wird auf *n* Stellen gerundet.

@SEKUNDE (*Zeitseriennummer*)   *Zeitfunktion*

@SIN (*x*)   *mathematische Funktion*
Sinus des Wertes *x*.

@SPALTEN (*Bereich*)   *Sonderfunktion*
Anzahl Spalten in einem Bereich.

@STDABW (*Argument-Liste*)   *statistische Funktion*
Standardabweichung der Werte in der *Argument-Liste*.

@STUNDE (*Zeitseriennummer*)   *Zeitfunktion*

@SUMME   *statistische Funktion*
(*Argument-Liste*)
Summe der Werte in der *Argument-Liste*.

@TAG (*Datumseriennummer*)   *Zeitfunktion*

@TAN (*x*)   *mathematische Funktion*
Tangens des Wertes *x*.

@VAR (*Argument-Liste*)   *statistische Funktion*
Varianz der Werte in der *Argument-Liste*.

@VVERWEIS   *Sonderfunktion*
(*Argument;Spalten-Bereich; Versatz*)
Vertikaler Tabellenverweis: Das *Argument* in einem Bereich ist
wieder nach *Versatz* Spalten zu finden.

@W (*Bereich*)   *Zeichenfolge-Funktion*
Numerischer Wert der linken, oberen Eckzelle im *Bereich*.

@WAHL   *Sonderfunktion*
(Selektor-Zahl; Argument0;..Argumentn)
Die *Selektorzahl* wählt unter verschiedenen Möglichkeiten
(Argumente 0 bis n) aus.

@WAHR   *logische Funktion*
Logischer Wert 1 (WAHR).

@WENN *(Bed.;x;y)*   *logische Funktion*
Wenn Bedingung WAHR, dann *x*; sonst *y*.

@WERT *(Zeichenfolge)*   *Zeichenfolge-Funktion*
Wandelt eine *Zeichenfolge* in einen numerischen Wert um.

@WIEDERHOLEN *(Zeichenfolge;n)*   *Zeichenfolge-Funktion*
Eine *Zeichenfolge* wird *n* mal wiederholt.

@WURZEL *(x)*   *mathematische Funktion*
Quadratwurzel des Wertes *x*.

@ZEICHEN *(x)*   *Zeichenfolge-Funktion*
ASCII/LICS-Zeichen, das durch die Codenummer *x* dargestellt
wird.

@ZEILEN *(Bereich)*   *Sonderfunktion*
Anzahl Zeilen in einem *Bereich*.

@ZEIT *(Stunde;Minute;Sekunde)*   *Zeitfunktion*

@ZEITWERT *(Zeit-Folge)*   *Zeitfunktion*

@ZELLE *(Folge;Bereich)*   *Sonderfunktion*
Informationen über die *Folge* in der oberen Ecke des *Bereichs*
(z. B. numerisches Format).

@ZELLZEIGER *(Folge)*   *Sonderfunktion*
Informationen über die hervorgehobenen Zellen (durch Zell-
zeiger hell markiert).

@ZINS *(Zukwert;Aktwert;Perioden)*   *Finanzfunktion*
Periodischer Zinssatz.

@ZUFALLSZAHL   *mathematische Funktion*
Zufallszahl zwischen 0 und 1.

@ZUKWERT   *Finanzfunktion*
(*Investition;Zinssatz;Perioden*)
Zukünftiger Wert einer *Investition*.

{?}   *Makrofunktion*
Hält die Ausführung eines Makros zur Eingabe von der
Tastatur an. Fortsetzung durch Drücken der <RETURN>-Taste.

{ANZEIGE *Zeichenfolge*}   *Makrofunktion*
Ändert die Anzeige in der rechten oberen Ecke des Bildschirms (maximal 5 Zeichen).

{BEDIENFELDAUS}   *Makrofunktion*
Unterdrückt während der Makroausführung die erneute
Anzeige des Bedienfeldes.

{BEDIENFELDEIN}   *Makrofunktion*
Zeigt das Bedienfeld während der Makroausführung wieder an
und macht den Befehl {BEDIENFELDEIN} wieder rückgängig.

{BEIFEHLER *Sprungort;<Fehlermeldungsart>*}
                                                       Makrofunktion
Bei einem Fehler wird die Ausführung ab dem *Sprungort*
weitergeführt und eventuell die *Fehlerart* ausgegeben.

{BERECHNE *Ort*}   *Makrofunktion*
Berechnet die Formeln in einem angegebenen Bereich Zeile
für Zeile neu.

{BERECHNESPALTEN *Ort*}   *Makrofunktion*
Berechnet die Formeln in einem angegebenen Bereich Spalte
für Spalte neu.

{BREAKAUS}   *Makrofunktion*
Schaltet die *Breaktaste* während der Makroausführung aus.

{BREAKEIN}   *Makrofunktion*
Schaltet die *Breaktaste* während der Makroausführung ein und
macht den Befehl {BREAKAUS} rückgängig.

{DATEIUMFANG *Ort*}   *Makrofunktion*
Bestimmt die Anzahl der Bytes in der gerade geöffneten Datei
in der angegebenen Zelle (*Ort*).

{DEFINITION *Ort1:Typ1;Ort2:Typ2..}* *Makrofunktion*
Gibt Zellen an, die Argumente in einem Unterprogramm-
Aufruf speichern.

{EINTRAG *Ort}* *Makrofunktion*
Hält die Ausführung eines Makros vorübergehend an und
speichert ein einzelnes Zeichen, das in eine bestimmte Zelle
eingegeben wurde.

{ERÖFFNE *Dateiname;Zugriffsmodus}* *Makrofunktion*
Öffnet eine Datei und gibt den *Zugriffsmodus* an (L: Lesen, S:
Schreiben und M: Modifizieren).

{FENSTERAUS} *Makrofunktion*
Unterdrückt die erneute Anzeige des Bildschirms während
einer Makroausführung.

{FENSTEREIN} *Makrofunktion*
Zeigt während der Makroausführung den Bildschirm erneut an
und macht den Befehl {FENSTERAUS} rückgängig.

{FÜR *Arbeitsort;Start-Nummer;Stop-Nummer;Schritt-Nummer;*
Startort}

Makrofunktion
Zählschleife ab *Start-Nummer* bis *Stop-Nummer* in einer
Schrittweite (*Schritt-Nummer*), beginnend ab *Startort*.

{FÜRBREAK} *Makrofunktion*
Bricht die aktuelle FÜR-Schleife sofort ab.

{HANDSHAKE *Sendefolge;Empfangsfolge;Zeitsperren-Wert;*
Protokoll-Position}

Makrofunktion
Sendet eine *Sendefolge* zu einem anderen Rechner und wartet
einen festgelegten *Zeitsperren-Wert* auf die *Empfangsfolge.*
Ferner gibt er eine Antwort in die *Protokoll-Position* und
führt bei einem erfolgreichen Dialog einen Sprung aus.

{HOLADRESSE *Ort}* *Makrofunktion*
Sprung zu einem *Ort*.

{HOLPOS *Ort}* *Makrofunktion*
Zeigt in einer geöffneten Datei die aktuelle Position des
Dateizeigers in einem angegebenen *Ort* an.

{INHALT *Zielort;Quellort;<Breite-Zahl>; <Format-Zahl>}*
Makrofunktion

Setzt den Inhalt einer Zelle (*Quellort*) als Label in eine andere
Zelle (*Zielort*), verwendet nach Wahl die angegebene *Spaltenbreite* und *formatiert* das Ergebnis.

{LABELEINTRAG *Aufforderungszeichenfolge;Ort}*
Makrofunktion

Die Makroausführung wird angehalten, um eine Labeleingabe
abzuwarten, die in *Ort* gespeichert wird.

{LEER *Ort}* *Makrofunktion*
Löscht den Inhalt einer angegebenen Zelle oder eines angegebenen Bereichs.

{LIES *Bytezahl;Ort}* *Makrofunktion*
Liest ein Zeichen aus einer Datei in eine als *Ort* bezeichnete
Zelle.

{LIESZL *Ort}* *Makrofunktion*
Kopiert eine Zeile mit Zeichen aus der gerade geöffneten
Datei in einen bestimmten *Ort*.

{MENÜAUFRUF *Ort}* *Makrofunktion*
Hält die Makroausführung an, fordert zur Eingabe einer
Option aus dem Menü auf und ruft diese Option als Unterpro-
gramm auf.

{MENÜSPRUNG *Ort}* *Makrofunktion*
Hält die Makroausführung an, fordert zur Eingabe einer
Option aus dem Menü auf und führt anschließend einen
Sprung nach diesem Ort aus.

{RESTART} *Makrofunktion*
Löscht im Unterprogramm die ZURÜCK-Anweisungen. Das
Makro wird beim nächsten Zeichen weiter ausgeführt.

{SCHLIESSE} *Makrofunktion*
Schließt eine Datei, die mit einem {ERÖFFNE}-Befehl geöff-
net wurde.

{SCHREIBE *Zeichenfolge}* *Makrofunktion*
Kopiert Zeichen in eine geöffnete Datei.

{SCHREIBEZL *Zeichenfolge*}   *Makrofunktion*
Fügt zu einer *Zeichenfolge* eine Zeilenvorschub-Folge hinzu
und schreibt sie in die Datei.

{SEI *Ort;Zahl*}   *Makrofunktion*
Speichert eine *Zahl in einer angegebenen Zelle (Ort)*.

{SEI *Ort;Zeichenfolge*}   *Makrofunktion*
Speichert eine eine *Zeichenfolge* in einer angebenen Zelle.

{SETZE *Ort;Spaltennummer;Zeilennummer; Zahl*}
                                              Makrofunktion
Speichert eine *Zahl* in eine Zelle (*Ort*) eines durch *Spalten-*
nummer und *Zeilennummer* festgelegten Bereiches.

{SETZE *Ort;Spaltennummer;Zeilennummer; Zeichenfolge*}
                                              Makrofunktion
Speichert eine *Zeichenfolge* in eine Zelle (*Ort*) eines durch
Spaltennummer und *Zeilennummer* festgelegten Bereiches.

{SETZEPOS *Datei-Position*}   *Makrofunktion*
Setzt den Dateizeiger in der gerade geöffneten Datei an eine
neue *Position*.

{SPRUNG *Ort*}   *Makrofunktion*
Springt zu einem bestimmten Ort.

{STOP}   *Makrofunktion*
Beendet die Makroanweisung.

{TASTE *Ort*}   *Makrofunktion*
Prüft während der Makroausführung, ob ein Zeichen eingegeben wurde.

{TELEFONIERE *Zahlenfolge*}   *Makrofunktion*
Telefoniert mit der angegebenen Zahlenfolge.

{TON *<Zahl>*}   *Makrofunktion*
Löst ein akustisches Signal aus.

{WARTEN *<Zeitseriennummer>*}   *Makrofunktion*
Wartet eine Zeitlang, bevor die weiteren Makroausführungen
bearbeitet werden.

{WENN *logischer Ausdruck*}   *Makrofunktion*
Führt bei Erfüllung des *logischen Ausdrucks* bedingte Befehle
(oder Tastenanschläge) aus, die dem {WENN}-Befehl folgen.

{ZAHLENEINTRAG *Aufforderungszeichenfolge; Ort*}
                                               Makrofunktion
Hält die Makroausführung an und fordert den Benutzer zu
einer Zeicheneingabe auf, die als Zahl in *Ort* gespeichert wird.

{ZURÜCK}   *Makrofunktion*
Rücksprung aus dem Unterprogramm.

3 Anwendungsgebiete

3.1 Service-Befehle

<F9> A (Ausdruck)

<F9> AD (Ausdruck Drucke)

<F9> AJ (Ausdruck Justiere)

<F9> AN (Ausdruck Neue-Seite)

<F9> AP (Ausdruck Parameter)

<F9> API (Ausdruck Parameter Initialisierung)

<F9> APL (Ausdruck Parameter Layout)

<F9> APLF (Ausdruck Parameter Layout Fußzeile)

<F9> APLK (Ausdruck Parameter Layout Kopfzeile)

<F9> APLL (Ausdruck Parameter Layout Länge)

<F9> APLN (Ausdruck Parameter Layout Nummer)

<F9> APLP (Ausdruck Parameter Layout Paginierung)

<F9> APLW (Ausdruck Parameter Layout Warten)

<F9> APLZ (Ausdruck Parameter Layout Zeilenabstand)

<F9> APN (Ausdruck Parameter Name)

<F9> APNA (Ausdruck Parameter Name Ausgangsparam)

<F9> APNE (Ausdruck Parameter Name Erstelle)

<F9> APNF (Ausdruck Parameter Name Folgendes)

<F9> APNL (Ausdruck Parameter Name Lösche)

<F9> APNV (Ausdruck Parameter Name Vorhergehendes)

<F9> APNW (Ausdruck Parameter Name Wähle)

<F9> APNZ (Ausdruck Parameter Name Zurücksetzen)

<F9> APO (Ausdruck Parameter Optionen)

<F9> APOA (Ausdruck Parameter Optionen Attribute)

<F9> APOF (Ausdruck Parameter Optionen Format)

<F9> APOK (Ausdruck Parameter Optionen Komprimierung)

<F9> APOO (Ausdruck Parameter Optionen Ohne-Titel)

<F9> APOS (Ausdruck Parameter Optionen Spalten-links)

<F9> APOZ (Ausdruck Parameter Optionen Zeile-oben)

<F9> APQ (Ausdruck Parameter Quelle)

<F9> APQA (Ausdruck Parameter Quelle Annulliere)

<F9> APQB (Ausdruck Parameter Quelle Bereich)

<F9> APQD (Ausdruck Parameter Quelle Datenbank)

<F9> APR (Ausdruck Parameter Ränder)

<F9> APRA (Ausdruck Parameter Ränder Ausgangsparameter)

<F9> APRK (Ausdruck Parameter Ränder Keine)

<F9> APRL (Ausdruck Parameter Ränder Links)

<F9> APRO (Ausdruck Parameter Ränder Oben)

<F9> APRR (Ausdruck Parameter Ränder Rechts)

<F9> APRU (Ausdruck Parameter Ränder Unten)

<F9> APZ (Ausdruck Parameter Ziel)

<F9> APZA (Ausdruck Parameter Ziel Ausspuldatei)

<F9> **APZB** (Ausdruck Parameter Ziel Bereich)

<F9> **APZD** (Ausdruck Parameter Ziel Drucker)

<F9> **APZL** (Ausdruck Parameter Ziel Lösche)

<F9> **APZZ** (Ausdruck Parameter Ziel Zurücksetzen)

<F9> **AZ** (Ausdruck Zeilenvorschub)

<F9> **E** (Ende)

<F9> **F** (Fenster)

<F9> **FE** (Fenster Erstelle)

<F9> **FF** (Fenster Forme)

<F9> **FI** (Fenster Isoliere)

<F9> **FL** (Fenster Lösche)

<F9> **FP** (Fenster Parameter)

<F9> **FT** (Fenster Teile)

<F9> **FV** (Fenster Verberge)

<F9> **FW** (Fenster Wähle)

<F9> **FZ** (Fenster Zeige)

<F9> **K** (Konfiguration)

<F9> **KA** (Konfiguration Aktualisiere)

<F9> **KD** (Konfiguration Drucker)

<F9> **KDI** (Konfiguration Drucker Initialisierung)

<F9> **KDL** (Konfiguration Drucker Länge)

<F9> **KDN** (Konfiguration Drucker Name)

<F9> **KDR** (Konfiguration Drucker Ränder)

<F9> **KDT** (Konfiguration Drucker Typ)

<F9> **KDW** (Konfiguration Drucker Warten)

<F9> **KDZ** (Konfiguration Drucker Zeilenvorschub)

<F9> **KF** (Konfiguration Fenster)

<F9> **KFN** (Konfiguration Fenster Name)

<F9> **KFT** (Konfiguration Fenster Typ)

<F9> **KH** (Konfiguration Hilfe)

<F9> **KHD** (Konfiguration Hilfe Direkt)

<F9> **KHI** (Konfiguration Hilfe Indirekt)

<F9> **KI** (Konfiguration Index)

<F9> **KK** (Konfiguration Kommunikation)

<F9> **KKA** (Konfiguration Kommunikation Annulliere)

<F9> **KKL** (Konfiguration Kommunikation Lade)

<F9> **KL** (Konfiguration Lade)

<F9> **KO** (Konfiguration Optionen)

<F9> **KOD** (Konfiguration Optionen Datei-Umsetzung)

<F9> **KOI** (Konfiguration Optionen International)

<F9> **KOU** (Konfiguration Optionen Uhr)

<F9> **KOZ** (Konfiguration Optionen Zusatzanwendung)

<F9> **KT** (Konfiguration Text)

<F9> **KTA [J/N]** (Konfiguration Text Auto-Just. [Ja/Nein])

<F9> **KTB [N/J]** (Konfiguration Text Blanks [Nein/Ja])

<F9> **KTH** (Konfiguration Text Harte Tabs)

<F9> **KTJ** (Konfiguration Text Justierung)

<F9> **KTJB** (Konfiguration Text Justierung Blocksatz)

<F9> **KTJL** (Konfiguration Text Justierung Links)

<F9> **KTJO** (Konfiguration Text Justierung Ohne)

<F9> **KTJZ** (Konfiguration Text Justierung Zentriert)

<F9> **KTL** (Konfiguration Text Links)

<F9> **KTR** (Konfiguration Text Rechts)

<F9> **KTRS** (Konfiguration Text Rechts Setzen)

<F9> **KTRZ** (Konfiguration Text Rechts Zurücksetzen)

<F9> **KTT** (Konfiguration Text Tab)

<F9> **KTW [J/N]** (Konfiguration Text WR [Ja/Nein])

<F9> **KTZ [1,2,3]** (Konfiguration Text Zeilenabstand [1,2,3])

<F9> **N [N/J]** (Neu [Nein/Ja])

<F9> **P** (Parameter)

<F9> **PA** (Parameter-Auto-Ablauf)

<F9> **PAA** (Parameter-Auto-Ablauf Annulliere)

<F9> **PAB** (Parameter-Auto-Ablauf Bestimme)

<F9> **PBE** (Parameter-Blattsicherung Entsperren)

<F9> **PBS** (Parameter-Blattsicherung Sperren)

<F9> **PG [N/J]** (Parameter-Globalschutz [Nein/Ja])

<F9> **PK** (Parameter-Kommunikation)

<F9> **PKA** (Parameter-Kommunikation Annulliere)

<F9> **PKB** (Parameter-Kommunikation Bestimme)

<F9> PM (Parameter-Makro-Generierung)

<F9> PMA (Parameter-Makro-Generierung Annulliere)

<F9> PMB (Parameter-Makro-Generierung Bereich)

<F9> PMJ (Parameter-Makro-Generierung Ja)

<F9> PML (Parameter-Makro-Generierung Lösche)

<F9> PMN (Parameter-Makro-Generierung Nein)

<F9> T (Transfer)

<F9> TA (Transfer Auszug)

<F9> TB (Transfer Bytes)

<F9> TD (Transfer Dateiliste)

<F9> TF (Transfer Fremd)

<F9> TI (Transfer Index)

<F9> TK (Transfer Kombiniere)

<F9> TL (Transfer Lade)

<F9> TR (Transfer Radiere)

<F9> TS (Transfer Speichere)

<F9> TT (Transfer Tabelle)

<F9> Z (Zusatz)

<F9> ZA (Zusatz Annulliere)

<F9> ZE (Zusatz Entkopple)

<F9> ZK (Zusatz Kopple)

<F9> ZW (Zusatz Wähle)

3.2 Menü-Befehle

3.2.1 BLATT-Fenster

Hinweis! Durch Drücken der Tastenfolge <Alt> <F10> wird in das Menü gewechselt, in dem die Fenster BLATT, TEXT, GRAFIK, MASKE und KOMM aufgerufen werden können.

<F10> **B** (Bereich)

<F10> **BE** (Bereich Ergebnisse)

<F10> **BF** (Bereich Fülle)

<F10> **BH** (Bereich Häufigkeit)

<F10> **BJ** (Bereich Justierung)

<F10> **BJL** (Bereich Justierung Linksbündig)

<F10> **BJR** (Bereich Justierung Rechtsbündig)

<F10> **BJZ** (Bereich Justierung Zentriert)

<F10> **BN** (Bereich Name)

<F10> **BNB** (Bereich Name Benenne)

<F10> **BNE** (Bereich Name Erstelle)

<F10> **BNL** (Bereich Name Lösche)

<F10> **BNT** (Bereich Name Tabelle)

<F10> **BNZ** (Bereich Name Zurücksetzen)

<F10> **BS** (Bereich Schutz)

<F10> **BSE** (Bereich Schutz Erlaube-Veränderungen)

<F10> **BSV** (Bereich Schutz Verhindere-Veränderungen)

<F10> **BV** (Bereich Vertausche)

<F10> BW (Bereich Was-wenn)

<F10> BW1 (Bereich Was-wenn 1-Variable)

<F10> BW2 (Bereich Was-wenn 2-Variable)

<F10> BWA (Bereich Was-wenn Annulliere)

<F10> D (Daten)

<F10> DA (Daten Auszug)

<F10> DD (Daten Datensortierung)

<F10> DDA (Daten Datensortierung Alle)

<F10> DDE (Daten Datensortierung Eindeutig)

<F10> DE (Daten Einzelauszug)

<F10> DF (Daten Finde)

<F10> DL [N/J] (Daten Lösche [Nein/Ja])

<F10> DP (Daten Parameter)

<F10> DPA (Daten Parameter Annulliere)

<F10> DPB (Daten Parameter Basis)

<F10> DPBA (Daten Parameter Basis Ausgabe)

<F10> DPBD (Daten Parameter Basis Datenbank)

<F10> DPBK (Daten Parameter Basis Kriterien)

<F10> DPD (Daten Parameter Datensortierung)

<F10> DPD1 (Daten Parameter Datensortierung 1.Schlüssel)

<F10> DPD2 (Daten Parameter Datensortierung 2.Schlüssel)

<F10> DPD3 (Daten Parameter Datensortierung 3.Schlüssel)

<F10> DPE [N/J] (Daten Parameter Einzelsatz [Nein/Ja])

<F10> DPF [N/J] (Daten Parameter Führungslinie [Nein/Ja])

<F10> DPM (Daten Parameter Maske)

<F10> DPMD (Daten Parameter Maske Definition)

<F10> DPME (Daten Parameter Maske Eingabe)

<F10> DPN (Daten Parameter Name)

<F10> DPR (Daten Parameter Report)

<F10> DPRH (Daten Parameter Report Hauptteil)

<F10> DPRO (Daten Parameter Report Oben)

<F10> DPRT (Daten Parameter Report Typ)

<F10> DPRU (Daten Parameter Report Unten)

<F10> DT (Daten Textanalyse)

<F10> F (Format)

<F10> F% (Format %)

<F10> FA (Format Allgemein)

<F10> FD (Format Datum)

<F10> FE (Format Exp-Form)

<F10> FF (Format Fest)

<F10> FI (Format Interpunktiert)

<F10> FO (Format Optionen)

<F10> FOB (Format Optionen Balkendiagramm)

<F10> FOT (Format Optionen Text)

<F10> FOV (Format Optionen Verborgen)

<F10> FS (Format Standard)

<F10> FW (Format Währung)

<F10> FZ (Format Zeit)

<F10> G (Grafik)

<F10> G1 (Grafik 1.-Parameterblatt)

<F10> G12 (Grafik 1.-Parameterblatt 2.-Blatt)

<F10> G1A (Grafik 1.-Parameterblatt Annulliere)

<F10> G1AB (Grafik 1.-Parameterblatt Annulliere Bereich)

<F10> G1AC
(Grafik 1.-Parameterblatt Annulliere Colorierung)

<F10> G1AD (Grafik 1.-Parameterblatt Annulliere Datenlabel)

<F10> G1AF (Grafik 1.-Parameterblatt Annulliere Format)

<F10> G1AG
(Grafik 1. Parameterblatt Annulliere Ganze-Zeile)

<F10> G1AL (Grafik 1.-Parameterblatt Annulliere Legende)

<F10> G1B [X/A..F]
(Grafik 1.-Parameterblatt Bereich [X/A bis F])

<F10> G1C [X/A..F]
(Grafik 1.-Parameterblatt Colorierung [X/A bis F])

<F10> G1D [A..F]
(Grafik 1.-Parameterblatt Datenlabel [A bis F])

<F10> G1F [A..F] (Grafik 1.-Parameterblatt Format [A bis F])

<F10> G1L [A..F]
(Grafik 1.-Parameterblatt Legende [X/A bis F])

<F10> G1N (Grafik 1.-Parameterblatt Name)

<F10> G1NA (Grafik 1.-Parameterblatt Name Ausgangsparam)

<F10> G1NE (Grafik 1.-Parameterblatt Name Erstelle)

<F10> G1NF (Grafik 1.-Parameterblatt Name Folgendes)

<F10> G1NL (Grafik 1.-Parameterblatt Name Lösche)

<F10> G1NV (Grafik 1.-Parameterblatt Name Vorhergehendes)

<F10> G1NW (Grafik 1.-Parameterblatt Name Wähle)

<F10> G1NZ (Grafik 1.-Parameterblatt Name Zurücksetzen)

<F10> G1T (Grafik 1.-Parameterblatt Typ)

<F10> G1TA (Grafik 1.-Parameterblatt Typ Aktienverlauf)

<F10> G1TB (Grafik 1.-Parameterblatt Typ Balken)

<F10> G1TK (Grafik 1.-Parameterblatt Typ Kreis)

<F10> G1TL (Grafik 1.-Parameterblatt Typ Linie)

<F10> G1TS (Grafik 1.-Parameterblatt Typ Stapelbalken)

<F10> G1TX (Grafik 1.-Parameterblatt Typ XY)

<F10> G2 (Grafik 2.-Parameterblatt)

<F10> G21 (Grafik 2.-Parameterblatt 1.-Blatt)

<F10> G2N (Grafik 2.-Parameterblatt Name)

<F10> G2NA (Grafik 2.-Parameterblatt Name Ausgangsparam)

<F10> G2NE (Grafik 2.-Parameterblatt Name Erstelle)

<F10> G2NF (Grafik 2.-Parameterblatt Name Folgendes)

<F10> G2NL (Grafik 2.-Parameterblatt Name Lösche)

<F10> **G2NV** (Grafik 2.-Parameterblatt Name Vorhergehendes)

<F10> **G2NW** (Grafik 2.-Parameterblatt Name Wähle)

<F10> **G2NZ** (Grafik 2.-Parameterblatt Name Zurücksetzen)

<F10> **G2O** (Grafik 2.-Parameterblatt Optionen)

<F10> **G2OA** (Grafik 2.-Parameterblatt Optionen Aspekt)

<F10> **G2OF [J/N]**
(Grafik 2.-Parameterblatt Optionen Farbe [Ja/Nein])

<F10> **G2OG** (Grafik 2.-Parameterblatt Optionen Gitter)

<F10> **G2OGG**
(Grafik 2.-Parameterblatt Optionen Gitter Gekreuzt)

<F10> **G2OGH**
(Grafik 2.-Parameterblatt Optionen Gitter Horizontal)

<F10> **G2OGO**
(Grafik 2.-Parameterblatt Optionen Gitter Ohne)

<F10> **G2OGV**
(Grafik 2.-Parameterblatt Optionen Gitter Vertikal)

<F10> **G2OI [N/J]** (Grafik 2.-Parameterblatt Optionen Isoliere
[Nein/Ja])

<F10> **G2OS** (Grafik 2.-Parameterblatt Optionen Sprung)

<F10> **G2OU** (Grafik 2.-Parameterblatt Optionen Ursprung)

<F10> **G2T** (Grafik 2.-Parameterblatt Titel)

<F10> **G2TE** (Grafik 2.-Parameterblatt Titel Erster)

<F10> **G2TX** (Grafik 2.-Parameterblatt Titel X-Achse)

<F10> **G2TY** (Grafik 2.-Parameterblatt Titel Y-Achse)

<F10> **G2TZ** (Grafik 2.-Parameterblatt Titel Zweiter)

<F10> **G2X** (Grafik 2.-Parameterblatt X-Skala)

<F10> **G2XE** (Grafik 2.-Parameterblatt X-Skala Exponent)

<F10> **G2XEA**
(Grafik 2.-Parameterblatt X-Skala Exponent Automatisch)

<F10> **G2XEM**
(Grafik 2.-Parameterblatt X-Skala Exponent Manuell)

<F10> **G2XF** (Grafik 2.-Parameterblatt X-Skala Format)

<F10> **G2XF%** (Grafik 2.-Parameterblatt X-Skala Format %)

<F10> **G2XFA**
(Grafik 2.-Parameterblatt X-Skala Format Allgemein)

<F10> **G2XFD**
(Grafik 2.-Parameterblatt X-Skala Format Datum)

<F10> **G2XFE**
(Grafik 2.-Parameterblatt X-Skala Format Exp-Form)

<F10> **G2XFF** (Grafik 2.-Parameterblatt X-Skala Format Fest)

<F10> **G2XFI**
(Grafik 2.-Parameterblatt X-Skala Format Interpunktiert)

<F10> **G2XFO**
(Grafik 2.-Parameterblatt X-Skala Format Optionen)

<F10> **G2XFW**
(Grafik 2.-Parameterblatt X-Skala Format Währung)

<F10> **G2XFZ** (Grafik 2.-Parameterblatt X-Skala Format Zeit)

<F10> **G2XT** (Grafik 2.-Parameterblatt X-Skala Typ)

<F10> **G2XTA**
(Grafik 2.-Parameterblatt X-Skala Typ Automatisch-linear)

<F10> **G2XTL**
(Grafik 2.-Parameterblatt X-Skala Typ Logarithmisch)

<F10> **G2XTM**
(Grafik 2.-Parameterblatt X-Skala Typ Manuell-linear)

<F10> **G2Y** (Grafik 2.-Parameterblatt Y-Skala)

<F10> **G2YB** (Grafik 2.-Parameterblatt Y-Skala Breite)

<F10> **G2YE** (Grafik 2.-Parameterblatt Y-Skala Exponent)

<F10> **G2YEA**
(Grafik 2.-Parameterblatt Y-Skala Exponent Automatisch)

<F10> **G2YEM**
(Grafik 2.-Parameterblatt Y-Skala Exponent Manuell)

<F10> **G2YF** (Grafik 2.-Parameterblatt Y-Skala Format)

<F10> **G2YF%** (Grafik 2.-Parameterblatt Y-Skala Format %)

<F10> **G2YFA**
(Grafik 2.-Parameterblatt Y-Skala Format Allgemein)

<F10> **G2YFD**
(Grafik 2.-Parameterblatt Y-Skala Format Datum)

<F10> **G2YFE**
(Grafik 2.-Parameterblatt Y-Skala Format Exp-Form)

<F10> **G2YFF** (Grafik 2.-Parameterblatt Y-Skala Format Fest)

<F10> **G2YFI**
(Grafik 2.-Parameterblatt Y-Skala Format Interpunktiert)

<F10> **G2YFO**
(Grafik 2.-Parameterblatt Y-Skala Format Optionen)

<F10> **G2YFW**
(Grafik 2.-Parameterblatt Y-Skala Format Währung)

<F10> **G2YFZ** (Grafik 2.-Parameterblatt Y-Skala Format Zeit)

<F10> **G2YT** (Grafik 2.-Parameterblatt Y-Skala Typ)

<F10> G2YTA
(Grafik 2.-Parameterblatt Y-Skala Typ Automatisch-linear)

<F10> G2YTL
(Grafik 2.-Parameterblatt Y-Skala Typ Logarithmisch)

<F10> G2YTM
(Grafik 2.-Parameterblatt Y-Skala Typ Manuell-linear)

<F10> GB (Grafik Bildspeicherung)

<F10> GV (Grafik Vorschau)

<F10> K (Kopie)

<F10> L (Löschen)

<F10> LG (Löschen Global)

<F10> LGS (Löschen Global Spalten)

<F10> LGZ (Löschen Global Zeilen)

<F10> LS (Löschen Spalten)

<F10> LZ (Löschen Zeilen)

<F10> P (Param)

<F10> PB (Param Breite)

<F10> PF (Param Format)

<F10> PF% (Param Format %)

<F10> PFA (Param Format Allgemein)

<F10> PFD (Param Format Datum)

<F10> PFE (Param Format Exp-Form)

<F10> PFF (Param Format Fest)

<F10> PFI (Param Format Interpunktiert)

<F10> PFO (Param Format Optionen)

<F10> PFW (Param Format Währung)

<F10> PFZ (Param Format Zeit)

<F10> PK (Param Kalkulation)

<F10> PKF (Param Kalkulation Folge)

<F10> PKFN (Param Kalkulation Folge Natürliche-Folge)

<F10> PKFO (Param Kalkulation Folge Optimal)

<F10> PKFS (Param Kalkulation Folge Spalte-für-Spalte)

<F10> PKFZ (Param Kalkulation Folge Zeile-für Zeile)

<F10> PKI (Param Kalkulation Iterationen)

<F10> PKM (Param Kalkulation Methode)

<F10> PKMA (Param Kalkulation Methode Automatisch)

<F10> PKMM (Param Kalkulation Methode Manuell)

<F10> PL (Param Labelpräfix)

<F10> PLL (Param Labelpräfix Linksbündig)

<F10> PLR (Param Labelpräfix Rechtsbündig)

<F10> PLZ (Param Labelpräfix Zentriert)

<F10> PN [N/J] (Param Null [Nein/Ja])

<F10> PT (Param Titel)

<F10> PTA (Param Titel Annulliere)

<F10> PTB (Param Titel Beide)

<F10> PTH (Param Titel Horizontal)

<F10> **PTV** (Param Titel Vertikal)

<F10> **R** (Radiere)

<F10> **S** (Spalte)

<F10> **SA** (Spalte Anzeigen)

<F10> **SB** (Spalte Bestimme)

<F10> **SS** (Spalte Standard)

<F10> **SV** (Spalte Verbergen)

<F10> **V** (Versetze)

3.2.2 TEXT-Fenster

In diesem Menü-Bereich ist Textverarbeitung möglich.

<F10> **B** (Bewege)

<F10> **E** (Ersetze)

<F10> **F** (Format)

<F10> **FA** (Format Aendere)

<F10> **FAA** (Format Aendere Aktuelle)

<F10> **FAB** (Format Aendere Benannte)

<F10> **FE** (Format Erstelle)

<F10> **FP** (Format Parameter)

<F10> **FPA [J/N]**
(Format Parameter Auto-Justierung [Ja/Nein])

<F10> **FPB [N/J]** (Format Parameter Blanks [Nein/Ja])

<F10> **FPJ** (Format Parameter Justierung)

<F10> **FPJB** (Format Parameter Justierung Blocksatz)

<F10> **FPJL** (Format Parameter Justierung Links)

<F10> **FPJO** (Format Parameter Justierung Ohne)

<F10> **FPJZ** (Format Parameter Justierung Zentriert)

<F10> **FPL** (Format Parameter Links)

<F10> **FPR** (Format Parameter Rechts)

<F10> **FPRS** (Format Parameter Rechts Setzen)

<F10> **FPRZ** (Format Parameter Rechts Zurücksetzen)

<F10> **FPS** (Format Parameter Stop)

<F10> **FPT** (Format Parameter Tab)

<F10> **FPW [J/N]** (Format Parameter WR [Ja/Nein])

<F10> **FPZ** (Format Parameter Zeilenabstand)

<F10> **FPZ1** (Format Parameter Zeilenabstand 1)

<F10> **FPZ2** (Format Parameter Zeilenabstand 2)

<F10> **FPZ3** (Format Parameter Zeilenabstand 3)

<F10> **FW** (Format Wähle)

<F10> **J** (Justiere)

<F10> **JA** (Justiere Absatz)

<F10> **JT** (Justiere Textfolge)

<F10> **K** (Kopie)

<F10> **L** (Lösche)

<F10> **M** (Markiere)

<F10> MA (Markiere Annullieren)

<F10> MZ (Markiere Zuordnen)

<F10> N (Neue-Seite)

<F10> S (Stop)

<F10> T (Textsuche)

3.2.3 GRAFIK-Fenster

Dieses Fenster erlaubt die grafische Auswertung der Daten des Arbeitsblattes (BLATT-Fenster). Hierzu stehen Kreis-, XY-, Linien-, Balken-, Stapelbalken- und Aktienverlaufs-Diagramme zur Verfügung.

<F10> 1 (1.-Parameterblatt)

<F10> 12 (1.-Parameterblatt 2.-Blatt)

<F10> 1A (1.-Parameterblatt Annulliere)

<F10> 1AB (1.-Parameterblatt Annulliere Bereich)

<F10> 1AC (1.-Parameterblatt Annulliere Colorierung)

<F10> 1AD (1.-Parameterblatt Annulliere Datenlabel)

<F10> 1AF (1.-Parameterblatt Annulliere Format)

<F10> 1AG (1.-Parameterblatt Annulliere Ganze-Zeile)

<F10> 1AL (1.-Parameterblatt Annulliere Legende)

<F10> 1B [X/A..F] (1.-Parameterblatt Bereich [X/A..F])

<F10> 1C [X/A..F] (1.-Parameterblatt Colorierung [X/A..F])

<F10> 1D [A..F] (1.-Parameterblatt Datenlabel [A..F])

<F10> 1F [X/A..F] (1.-Parameterblatt Format [X/A..F])

<F10> 1L [A..F] (1.-Parameterblatt Legende [A..F])

<F10> 1N (1.-Parameterblatt Name)

<F10> 1NA (1.-Parameterblatt Name Ausgangsparam)

<F10> 1NE (1.-Parameterblatt Name Erstelle)

<F10> 1NF (1.-Parameterblatt Name Folgendes)

<F10> 1NL (1.-Parameterblatt Name Lösche)

<F10> 1NV (1.-Parameterblatt Name Vorhergehendes)

<F10> 1NW (1.-Parameterblatt Name Wähle)

<F10> 1NZ (1.-Parameterblatt Name Zurücksetzen)

<F10> 1T (1.-Parameterblatt Typ)

<F10> 1TA (1.-Parameterblatt Typ Aktienverlauf)

<F10> 1TB (1.-Parameterblatt Typ Balken)

<F10> 1TK (1.-Parameterblatt Typ Kreis)

<F10> 1TL (1.-Parameterblatt Typ Linie)

<F10> 1TS (1.-Parameterblatt Typ Stapelbalken)

<F10> 1TX (1.-Parameterblatt Typ XY)

<F10> 2 (2.-Parameterblatt)

<F10> 21 (2.-Parameterblatt 1.-Blatt)

<F10> 2N (2.-Parameterblatt Name)

<F10> 2NA (2.-Parameterblatt Name Ausgangsparam)

<F10> 2NE (2.-Parameterblatt Name Erstelle)

<F10> 2NF (2.-Parameterblatt Name Folgendes)

<F10> 2NL (2.-Parameterblatt Name Lösche)

<F10> 2NV (2.-Parameterblatt Name Vorhergehendes)

<F10> 2NW (2.-Parameterblatt Name Wähle)

<F10> 2NZ (2.-Parameterblatt Name Zurücksetzen)

<F10> 2O (2.-Parameterblatt Optionen)

<F10> 2OA (2.-Parameterblatt Optionen Aspekt)

<F10> 2OF [J/N] (2.-Parameterblatt Optionen Farbe [Ja/Nein])

<F10> 2OG (2.-Parameterblatt Optionen Gitter)

<F10> 2OGG (2.-Parameterblatt Optionen Gitter Gekreuzt)

<F10> 2OGH (2.-Parameterblatt Optionen Gitter Horizontal)

<F10> 2OGO (2.-Parameterblatt Optionen Gitter Ohne)

<F10> 2OGV (2.-Parameterblatt Optionen Gitter Vertikal)

<F10> 2OI [J/N] (2.-Parameterblatt Optionen Isoliere
[Ja/Nein])

<F10> 2OS (2.-Parameterblatt Optionen Sprung)

<F10> 2OU (2.-Parameterblatt Optionen Ursprung)

<F10> 2T (2.-Parameterblatt Titel)

<F10> 2TE (2.-Parameterblatt Titel Erster)

<F10> 2TX (2.-Parameterblatt Titel X-Achse)

<F10> 2TY (2.-Parameterblatt Titel Y-Achse)

<F10> 2TZ (2.-Parameterblatt Titel Zweiter)

<F10> 2X (2.-Parameterblatt X-Skala)

<F10> 2XE (2.-Parameterblatt X-Skala Exponent)

<F10> **2XEA**
(2.-Parameterblatt X-Skala Exponent Automatisch)

<F10> **2XEM** (2.-Parameterblatt X-Skala Exponent Manuell)

<F10> **2XF** (2.-Parameterblatt X-Skala Format)

<F10> **2XF%** (2.-Parameterblatt X-Skala Format %)

<F10> **2XFA** (2.-Parameterblatt X-Skala Format Allgemein)

<F10> **2XFD** (2.-Parameterblatt X-Skala Format Datum)

<F10> **2XFE** (2.-Parameterblatt X-Skala Format Exp-Form)

<F10> **2XFF** (2.-Parameterblatt X-Skala Format Fest)

<F10> **2XFI** (2.-Parameterblatt X-Skala Format Interpunktiert)

<F10> **2XFO** (2.-Parameterblatt X-Skala Format Optionen)

<F10> **2XFOB**
(2.-Parameterblatt X-Skala Format Optionen Balkendiagramm)

<F10> **2XFOT**
(2.-Parameterblatt X-Skala Format Optionen Text)

<F10> **2XFOV**
(2.-Parameterblatt X-Skala Format Optionen Verborgen)

<F10> **2XFW** (2.-Parameterblatt X-Skala Format Währung)

<F10> **2XFZ** (2.-Parameterblatt X-Skala Format Zeit)

<F10> **2XT** (2.-Parameterblatt X-Skala Typ)

<F10> **2XTA**
(2.-Parameterblatt X-Skala Typ Automatisch-linear)

<F10> **2XTL** (2.-Parameterblatt X-Skala Typ Logarithmisch)

<F10> **2XTM** (2.-Parameterblatt X-Skala Typ Manuell)

<F10> **2YB** (2.-Parameterblatt Y-Skala Breite)

<F10> 2YE (2.-Parameterblatt Y-Skala Exponent)

<F10> 2YEA (2.-Parameterblatt Y-Skala Exponent Automatisch)

<F10> 2YEM (2.-Parameterblatt Y-Skala Exponent Manuell)

<F10> 2YF (2.-Parameterblatt Y-Skala Format)

<F10> 2YF% (2.-Parameterblatt Y-Skala Format %)

<F10> 2YFA (2.-Parameterblatt Y-Skala Format Allgemein)

<F10> 2YFD (2.-Parameterblatt Y-Skala Format Datum)

<F10> 2YFE (2.-Parameterblatt Y-Skala Format Exp-Form)

<F10> 2YFF (2.-Parameterblatt Y-Skala Format Fest)

<F10> 2YFI (2.-Parameterblatt Y-Skala Format Interpunktiert)

<F10> 2YFO (2.-Parameterblatt Y-Skala Format Optionen)

<F10> 2YFOB
(2.-Parameterblatt Y-Skala Format Optionen Balkendiagramm)

<F10> 2YFOT
(2.-Parameterblatt Y-Skala Format Optionen Text)

<F10> 2YFOV
(2.-Parameterblatt Y-Skala Format Optionen Verborgen)

<F10> 2YFW (2.-Parameterblatt Y-Skala Format Währung)

<F10> 2YFZ (2.-Parameterblatt Y-Skala Format Zeit)

<F10> 2YT (2.-Parameterblatt Y-Skala Typ)

<F10> 2YTA
(2.-Parameterblatt Y-Skala Typ Automatisch-linear)

<F10> 2YTL (2.-Parameterblatt Y-Skala Typ Logarithmisch)

<F10> 2YTM (2.-Parameterblatt Y-Skala Typ Manuell)

<F10> B (Bildspeicherung)

3.2.4 MASKE-Fenster

In diesem Bereich werden die Informationen in einer Datenbank bereitgehalten und können entsprechend verwaltet werden.

<F10> **F** (Feld)

<F10> **FB** (Feld Bewege)

<F10> **FE** (Feld Einfügen)

<F10> **FL** (Feld Löschen)

<F10> **G** (Generiere)

<F10> **GB** (Generiere Berechnet)

<F10> **GD** (Generiere Datum)

<F10> **GL** (Generiere Label)

<F10> **GN** (Generiere Numerisch)

<F10> **GZ** (Generiere Zeit)

<F10> **I** (Initialisiere)

<F10> **K** (Kriterien)

<F10> **KE** (Kriterien Editiere)

<F10> **KI** (Kriterien Ignoriere)

<F10> **KN** (Kriterien Nutze)

<F10> **P** (Parameter)

<F10> **PA** (Parameter Annulliere)

<F10> **PAA** (Parameter Annulliere Alle)

<F10> **PAB** (Parameter Annulliere Basis)

<F10> PAM (Parameter Annulliere Masken)

<F10> PAR (Parameter Annulliere Report)

<F10> PAS (Parameter Annulliere Sortierschlüssel)

<F10> PB (Parameter Basis)

<F10> PBA (Parameter Basis Ausgabe)

<F10> PBD (Parameter Basis Datenbank)

<F10> PBK (Parameter Basis Kriterien)

<F10> PD (Parameter Datensortierung)

<F10> PD1 (Parameter Datensortierung 1.Schlüssel)

<F10> PD2 (Parameter Datensortierung 2.Schlüssel)

<F10> PD3 (Parameter Datensortierung 3.Schlüssel)

<F10> PE [N/J] (Parameter Einzelsatz [Nein/Ja])

<F10> PF [N/J] (Parameter Führungslinie [Nein/Ja])

<F10> PM (Parameter Maske)

<F10> PMD (Parameter Maske Definition)

<F10> PME (Parameter Maske Eingabe)

<F10> PN (Parameter Name)

<F10> PNA (Parameter Name Ausgangsparam)

<F10> PNE (Parameter Name Erstelle)

<F10> PNF (Parameter Name Folgendes)

<F10> PNL (Parameter Name Lösche)

<F10> PNV (Parameter Name Vorhergehendes)

<F10> PNW (Parameter Name Wähle)

<F10> PNZ (Parameter Name Zurücksetzen)

<F10> PR (Parameter Report)

<F10> PRH (Parameter Report Hauptteil)

<F10> PRO (Parameter Report Oben)

<F10> PRT (Parameter Report Typ)

<F10> PRTE (Parameter Report Typ Einmalig)

<F10> PRTM (Parameter Report Typ Mehrmalig)

<F10> PRU (Parameter Report Unten)

<F10> S (Sortiere)

<F10> SA (Sortiere Alle)

<F10> SE (Sortiere Eindeutig)

<F10> V (Verknüpfe)

3.2.5 KOMM-Fenster

Mit den Befehlen dieses Fensters wird ein Datenaustausch (Kommunikation) zwischen verschiedenen Computern ermöglicht.

<F10> B (Break)

<F10> D (Dateiübertragung)

<F10> DE (Dateiübertragung Empfangen)

<F10> DS (Dateiübertragung Senden)

<F10> L [A..J] (Logon [A bis J])

<F10> P (Parameter)

<F10> PA (Parameter Apparat)

<F10> PAA (Parameter Apparat Antwortzeit)

<F10> PAN (Parameter Apparat Nummer)

<F10> PAT (Parameter Apparat Typ)

<F10> PAW (Parameter Apparat Wählzeit)

<F10> PB (Parameter Break)

<F10> PH (Parameter Handshaking)

<F10> PHA (Parameter Handshaking Ausgehend)

<F10> PHE (Parameter Handshaking Eingehend)

<F10> PI (Parameter Interface)

<F10> PIB (Parameter Interface Baud)

<F10> PIK (Parameter Interface KOMM-Anschluß)

<F10> PIL (Parameter Interface Länge)

<F10> PIP (Parameter Interface Parität)

<F10> PIS (Parameter Interface Stop-bits)

<F10> PL (Parameter Logon)

<F10> PL [A..J] (Parameter Logon [A bis J])

<F10> PLM (Parameter Logon Maximaldauer)

<F10> PLN (Parameter Logon Neu)

<F10> PLW (Parameter Logon Wiederholzeit)

<F10> PN (Parameter Name)

<F10> PNA (Parameter Name Anruf-und-Logon)

<F10> PNL (Parameter Name Lade)

<F10> PNR (Parameter Name Radiere)

<F10> PNS (Parameter Name Speichere)

<F10> PP (Parameter Protokoll)

<F10> PPA (Parameter Protokoll Annulliere)

<F10> PPB (Parameter Protokoll Bereich)

<F10> PPD (Parameter Protokoll Drucker)

<F10> PPL (Parameter Protokoll Lösche)

<F10> PT (Parameter Terminal)

<F10> PTC (Parameter Terminal Code-Umsetzung)

<F10> PTCG
(Parameter Terminal Code-Umsetzung Generierung)

<F10> PTCI
(Parameter Terminal Code-Umsetzung Individuell)

<F10> PTCN (Parameter Terminal Code-Umsetzung National)

<F10> PTCV (Parameter Terminal Code-Umsetzung Vorgabe)

<F10> PTE (Parameter Terminal Echo)

<F10> PTR (Parameter Terminal Rückschalttaste)

<F10> PTS (Parameter Terminal Schirm)

<F10> PTU (Parameter Terminal Umbruch)

<F10> PTV (Parameter Terminal Verzögerung)

<F10> PTZ (Parameter Terminal Zeilenvorschub)

<F10> **PV** (Parameter Verfahren)

<F10> **PVF** (Parameter Verfahren Format)

<F10> **PVQ** (Parameter Verfahren Quittungszeichen)

<F10> **PVV** (Parameter Verfahren Verzögerung)

<F10> **PVZ** (Parameter Verfahren Zeilenende)

<F10> **S** (Sende-Bereich)

<F10> **T** (Telefon)

<F10> **TA** (Telefon Antworte)

<F10> **TD** (Telefon Daten)

<F10> **TE** (Telefon Ende)

<F10> **TG** (Telefon Gespräch)

<F10> **TR** (Telefon Rufe-an)

<F10> **TW** (Telefon Wartemodus)

3.3 Funktionen

3.3.1 Datums- und Zeitfunktionen

@DATUM (*Jahr;Monat;Tag*)

@DATUMWERT (*Datum-Folge*)

@JAHR (*Datumseriennummer*)

@JETZT

@MINUTE (*Zeitseriennummer*)

@MONAT *(Datumseriennummer)*

@SEKUNDE *(Zeitseriennummer)*

@STUNDE *(Zeitseriennummer)*

@TAG *(Datumseriennummer)*

@ZEIT *(Stunde;Minute;Sekunde)*

@ZEITWERT *(Zeit-Folge)*

3.3.2 Finanzfunktionen

@AFADEG *(Kosten;Restwert;Lebensdauer;Periode)*

@AFADIG *(Kosten;Restwert;Lebensdauer;Periode)*

@AFALIN *(Kosten;Restwert;Lebensdauer)*

@AKTWERT *(Investition;Zinssatz;Perioden)*

@ANN *(Zahlung;Zinssatz;Zukwert)*

@INTZINS *(Startzinssatz;Rückfluß-Bereich)*

@LAUF *(Zinssatz;Zukwert;Aktwert)*

@NETAKTWERT *(Zinssatz;Rückfluß-Bereich)*

@RATE *(Kapital;Zinssatz;Perioden)*

@ZINS *(Zukwert;Aktwert;Perioden)*

@ZUKWERT *(Investition;Zinssatz;Perioden)*

3.3.3 Logische Funktionen

@FALSCH

@ISTFEHLER *(x)*

@ISTFOLGE *(x)*

@ISTNV *(x)*

@ISTZAHL *(x)*

@WAHR

@WENN *(Bed.;x;y)*

3.3.4 Makrofunktionen

{?}

{ANZEIGE *Zeichenfolge*}

{BEDIENFELDAUS}

{BEDIENFELDEIN}

{BEIFEHLER *Sprungort;<Fehlermeldungsart>*}

{BERECHNE *Ort*}

{BERECHNESPALTEN *Ort*}

{BREAKAUS}

{BREAKEIN}

{DATEIUMFANG *Ort*}

{DEFINITION *Ort1:Typ1;Ort2:Typ2..*}

{EINTRAG *Ort*}

{ERÖFFNE *Dateiname;Zugriffsmodus*}

{FENSTERAUS}

{FENSTEREIN}

{FÜR *Arbeitsort;Start-Nummer;Stop-Nummer;Schritt-Nummer; Startort*}

{FÜRBREAK}

{HANDSHAKE *Sendefolge;Empfangsfolge;Zeitsperren-Wert; Protokoll-Position*}

{HOLADRESSE *Ort*}

{HOLPOS *Ort*}

{INHALT *Zielort;Quellort;<Breite-Zahl>;<Format-Zahl>*}

{LABELEINTRAG *Aufforderungszeichenfolge;Ort*}

{LEER *Ort*}

{LIES *Bytezahl;Ort*}

{LIESZL *Ort*}

{MENÜAUFRUF *Ort*}

{MENÜSPRUNG *Ort*}

{RESTART}

{SCHLIESSE}

{SCHREIBE *Zeichenfolge*}

{SCHREIBEZL *Zeichenfolge*}

{SEI *Ort;Zahl*}

{SEI *Ort;Zeichenfolge*}

{SETZE *Ort;Spaltennummer;Zeilennummer;Zahl*}

{SETZE *Ort;Spaltennummer;Zeilennummer;Zeichenfolge*}

{SETZEPOS *Datei-Position*}

{**SPRUNG** *Ort*}

{**STOP**}

{**TASTE** *Ort*}

{**TELEFONIERE** *Zahlenfolge*}

{**TON** *<Zahl>*}

{**WARTEN** *<Zeitseriennummer>*}

{**WENN** *logischer Ausdruck*}

{**ZAHLENEINTRAG** *Aufforderungszeichenfolge;Ort*}

{**ZURÜCK**}

3.3.5 Mathematische Funktionen

@ABS (x)

@ACOS (x)

@ASIN (x)

@ATAN (x)

@ATAN2 $(x;y)$

@COS (x)

@EXP (x)

@GANZZAHL (x)

@LN (x)

@LOG (x)

@MOD $(x;y)$

@PI

@RUNDEN *(x;n)*

@SIN *(x)*

@TAN *(x)*

@WURZEL *(x)*

@ZUFALLSZAHL

3.3.6 Sonderfunktionen

@FEHLER

@HVERWEIS *(Argument;Zeilen-Bereich;Versatz)*

@INDEX *(Bereich;Spaltennr.;Zeilennr.)*

@NV

@SPALTEN *(Bereich)*

@VVERWEIS *(Argument;Spalten-Bereich;Versatz)*

@WAHL *(Selektor-Zahl; Argument0;..Argumentn)*

@ZEILEN *(Bereich)*

@ZELLE *(Folge;Bereich)*

@ZELLZEIGER *(Folge)*

3.3.7 Statistische Funktionen

@ANZAHL *(Argument-Liste)*

@MAX *(Argument-Liste)*

@MIN *(Argument-Liste)*

@MITTELWERT *(Argument-Liste)*

@STDABW (*Argument-Liste*)

@SUMME (*Argument-Liste*)

@VAR (*Argument-Liste*)

3.3.8 Statistische Datenbankfunktionen

@DANZAHL
(*Datenbank-Bereich;Spaltennummer;Kriterien-Bereich*)

@DMAX
(*Datenbank-Bereich;Spaltennummer;Kriterien-Bereich*)

@DMIN
(*Datenbank-Bereich;Spaltennummer;Kriterien-Bereich*)

@DMITTELWERT
(*Datenbank-Bereich;Spaltennummer;Kriterien-Bereich*)

@DSTABW
(*Datenbank-Bereich;Spaltennummer;Kriterien-Bereich*)

@DSUMME
(*Datenbank-Bereich;Spaltennummer;Kriterien-Bereich*)

@DVAR
(*Datenbank-Bereich;Spaltennummer;Kriterien-Bereich*)

3.3.9 Zeichenfolgenfunktionen

@CODE (*Zeichenfolge*)

@EIGENNAME (*Zeichenfolge*)

@ERSETZEN
(*Original-Zeichenfolge;Startnummer;Anzahln;Ersatz-Zeichenfolge*)

@F *(Bereich)*

@FINDEN (*Suchfolge;Zeichenfolge;Startnummer*)

@FOLGE (*x;n*)

@GLEICH (*Zeichenfolge1;Zeichenfolge2*)

@GROSS (*Zeichenfolge*)

@KLÄREN (*Zeichenfolge*)

@KLEIN (*Zeichenfolge*)

@KOMPR (*Zeichenfolge*)

@LÄNGE (*Zeichenfolge*)

@LINKS (*Zeichenfolge;n*)

@MITTE (*Zeichenfolge;Startnummer;Längennummer*)

@RECHTS (*Zeichenfolge;n*)

@W (*Bereich*)

@WERT (*Zeichenfolge*)

@WIEDERHOLEN (*Zeichenfolge;n*)

@ZEICHEN (*x*)

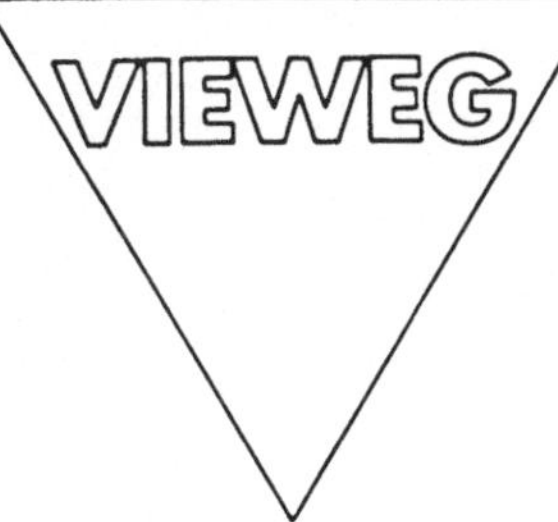

Ekbert Hering und Ulrich Mühleisen

Marketing mit dem PC

Mit 16 BASIC-Programmen für IBM PC und Kompatible. 1987. XII, 293 Seiten. 16,2 x 22,9 cm. Kartoniert.

Inhalt: ABC-Analyse – Stärke-Schwäche-Analyse – Erfolgsstruktur-Analyse – Portfolio-Analyse – Prognose-Verfahren – Varianzanalyse – Diskriminanzanalyse – Kanonische Analyse – Faktorenanalyse – Clusteranalyse.

Marktanalysen sind zum Erhalt der Wettbewerbsfähigkeit das wesentliche Instrument. Die unterschiedlichen Analysemethoden sind in diesem Buch erarbeitet und ausführlich beschrieben. Eine Testanwendung wird im Anschluß daran vorgeführt. Bildschirmanweisungen und Ausdrucke werden als Leitfaden mit angegeben. Danach kann der Benutzer die Programme für seine eigenen Zwecke einsetzen. Jeder, der mit Marketingfragen zu tun hat, erhält mit den einsatzbereiten BASIC-Programmen die entscheidenden Werkzeuge zur selbsterstellten Marktanalyse.

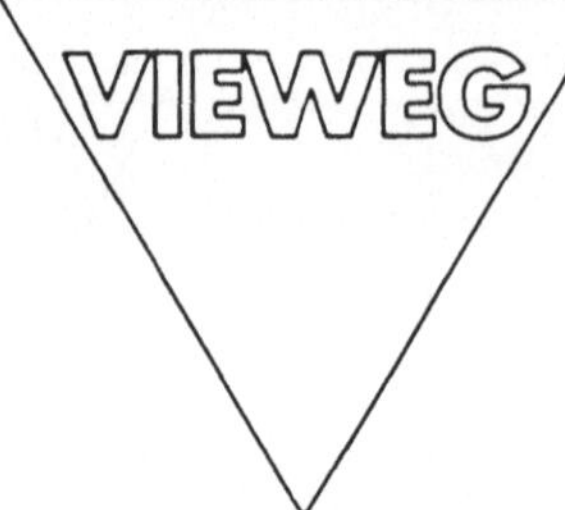

Ekbert Hering und Hans-Peter Bürgler

Lotus Symphony
Schritt für Schritt

1988. XVI, 451 Seiten. 16,2 x 22,9 cm. (Software Trainer Grundstufe.) Kartoniert.

Inhalt: Installation von Symphony – Einführung in das Symphony-Kalkulationsprogramm – Arbeiten im BLATT-Fenster am Beispiel der Entwicklung eines Auftragsbestandes – Statistische Auswertung von Fertigungsdaten – Zins-, Tilgungs- und Rentenrechnung mit Finanzfunktionen – Investitionsrechnung mit Finanzfunktionen – Datenbank – Erstellen von Grafiken für eine Artikel-Umsatz-Statistik – Textverarbeitung am Beispiel eines Berichtes zur Auftragsentwicklung – Datenaustausch mit anderen Programmen – Datenübergang.

Das Tabellenkalkulationsprogramm Symphony stellt eine benutzerfreundliche Erweiterung des Erfolgsprogrammes Lotus 1–2–3 dar. Das Buch führt den Leser Schritt für Schritt in die Handhabung der Software ein. Die Anordnung der praxisnahen Beispiele gewährleistet, daß auch ein EDV-Neuling sich rasch mit den vielfältigen Anwendungsmöglichkeiten vertraut machen kann.

Die Software zum Buch:
5 1/4"-Diskette für den IBM PC und Kompatible unter MS-DOS mit Lotus Symphony.